磯田道史
Kazutoshi Hando & Michifumi Isoda

勝ち上がりの条件

軍師・参謀の作法

ポプラ新書
032

はじめに――いま注目される理由

半藤　ＮＨＫ大河ドラマの「軍師官兵衛」（二〇一四年放送）のせいでもありますますいが、いま軍師・参謀の役割がクローズアップされています。なぜか。

多くの人が先の見えない不安にかられていることと無関係ではないと思います。必ず起きると言われる南海トラフ大地震の被害額は東日本大地震の十倍が見積もられ、大気汚染も国境を易々《やすやす》と越え、ウクライナ問題に発して、いままた米ロの冷戦構造が形成されはじめ、いつまた急転直下、アベノミクスが崩壊し経済危機に陥るかもわからない。生き残りをかけて、産業界はさながら戦国時代です。じっさい他国とのあいだに武力衝突が起こるとは思いたくありませんがね。

そんな状況下、人びとはみな組織のなかで、あるいは組織に関わりながら生きている。そして現場ではいま、どこでも予測や展望、方針と計画、つまりはっきりした戦略が求められているのです。これまでの成功体験の踏襲ではすませられなくなっている。組織のリーダーになる人は数限られているけれど、リーダーを補佐し策を練り実行する役割は、多くの人が担わざるを得ない。そういう立場に立ったとき、人はどうあるべきなのか。どういう将来への展望を持つべきか。そしてそれは、いったい何から学んだらいいのか。

そこで、今回は、日本の歴史の流れのなかの、名軍師と名参謀といわれる人たちの姿を追いながら、不安の時代を生き抜くヒントを探し当てたい。そんな昔話が役に立つのか、と言われそうですが、あながちそういうものでもなく、歴史に学ぶことは時代が不安なときこそ大切なのです。というわけで、これからじっくりと、磯田さんと語りたいと思いますので、よろしくお付き合いください。

磯田　ではさっそく参りましょう。そもそも軍師・参謀とは何か。そこから入っていきましょうか。

その定義をごくごく広くとるならば、軍師も参謀も代表者、トップではない。いずれもトップを補佐し、あるいはトップの代理として政治や軍事、外交の実務を担当するというふうに説明されたりします。そうして見ると「同じではないか」と思われるかもしれませんが、実際には軍師と参謀というのは、その意味や役回りがそうとう違いますね。

半藤　さらに軍師とひと口に言っても、中世的な軍師と近世的な軍師では、かなりその像が異なります。いま話題になっている黒田官兵衛《くろだかんべえ》や竹中半兵衛《たけなかはんべえ》などは、近世的な軍師であると私は考えるわけです。そのちょっと前までの人たちは中世的な軍師。半兵衛、官兵衛あたりが、その転換点に立つ軍師でした。いっぽう、参謀というのは近代軍事組織のなかで生まれた役回りで、これまた軍師とは全然違うところがあります。ですからじつは、「軍師・参謀」とひとくくりにはできないのです。それを一緒くたにして論じるというわけですから、度胸がいいというか、無謀というか（笑）。博学の磯田さんに頼るところ大、というわけです。

構成　石田陽子

勝ち上がりの条件／目次

第2章　治世の時代に生き残る秘訣は何か　73

第3章　天才軍師・名参謀は動乱期にあり　125

第4章　一気にわかる、軍師制度の変遷　169

第5章　近代日本に名参謀をさがして　207

第1章

軍師・参謀の役割とは何か

古代・中世的軍師の特徴——太原雪斎の「首実検」が象徴するもの

半藤　さて、原初、軍師の仕事とは何であったか。

鎌倉から室町を経て、戦国時代の初期ぐらいまでの人たちが大事にしたのは、「占い」や「おまじない」なんですね。これは戦《いくさ》を始める際でもまことに大事とされた。日本ではこれよりはるか以前、吉備真備《きびのまきび》の時代からそうだったようですね。吉備真備はご存じのとおり、奈良時代の遣唐使の一人で当時としてはたいへんなインテリ。称徳《しょうとく》天皇に仕えて政務を取り仕切った人ですが。

磯田　吉備真備は、中国の三国志の時代以前から用いられていた「奇門遁甲《とんこう》術」という占い、これは陰陽道に近いものですが、それを使って方角や日時を占っておりました。

半藤　軍師はかつて暦や易のみならず、雲の流れだとか風の方向や強さとか星の動きといった、天体の動きさえも見た。そういうものを見て、合戦の日取りを決めるという重要な決断材料を得ていたのです。鎌倉時代の軍師の名を挙げると、梶原源太景季《かじわらげんたかげすえ》、源《みなもとの》義経《よしつね》、大江広元《おおえのひろもと》といった人たち。彼らが占いその他にもとづき判断をして、大将に「これこれこうなっておりますので、いついつに出陣すべきでございます」と進言する、ということになりました。

磯田　合戦の日取りが決まると、陣を張る方角などもおまじないで決めていますね。

半藤　そしてつぎに行うのは出陣式です。勝つための非常に大事な儀式でしたから、軍師はその祭祀《さいし》の作法、手順を熟知していないといけなかった。神様の前で荘厳に「エイエイオー」とやるその儀式を、差配し執り行うのもまた軍師の仕事だったのです。いまの会社でも何か大きなプロジェクトをやろうとするとき、出陣式をやるところもあるといいますね。それで大いに士気を鼓舞する。

磯田　出陣の儀式のひとつとして「三献の儀」がありました。「打鮑《うちあわび》」、「勝栗《かちぐり》」、「昆布」を出して、これに口をつける。酒も出ます。「三献」の品は、「討ち、勝ち、よろこぶ」という文字どおり戦勝を望むダジャレというか、こじつけですが、彼らは大まじめでした。

半藤　正月のお節料理で、黒豆は「マメマメしく働く」とか、鯛《たい》を「めでたい」といってありがたくいただきますが、これなどその名残でしょうな。神仏を畏《おそ》れなかったと言われる織田信長《おだのぶなが》も、桶狭間の戦い（永禄三年／一五六〇）の前には熱田神宮で出陣式をやっていますよ。織田信長はそれを人に任すことはせず自ら出陣式の差配をやったわけですがね。いずれにしても、軍師は古典に従った占いや、気象、当時の天文、古式に則った作法などを身につけていないといけません。ですからそのために凄く勉強した。軍師たるものは常に新しい学問を学ばねばいけません。そして、神仏に対するお祈りも徹底的にやっているような人たちです。ですから軍師には坊主が多かった。

磯田　駿河・遠江《とおとうみ》の守護大名、今川家に太原雪斎《たいげんせっさい》という僧がおりましたが、彼は今川家の軍師でもありました。戦場にも出て指揮をとっていました。

半藤　僧侶といっても、いわゆる宗教家のイメージには収まらない。もっと野心的ですよね。とくに雪斎なんかは、今川の跡目争いに出てきて、自分の教え子である義元《よしもと》を駿河今川家の当主にしてしまいました。義元はほとんど出家しているようなものでしたから、そうとう大胆な介入を行ったといえる。雪斎などは中世的軍師の典型です。

いざ戦闘が始まったら、彼らはそれこそ軍師として戦闘状況に対する適切なアドバイスを大将に進言する。そして戦闘終了となったら、つぎにやるべきことは首実検でした。相手方の武将をやっつけたら首をとるのがこの時代の習いでしたからね。将兵らは首級を陣地に持ち帰って大将に見せた。そのときの差配をするのがこれまた軍師の仕事なんです。

磯田　首実検では、あげてきた首の身分によって扱い方も違ってくる。大将クラスの首であればそれなりの遇し方があって、ルールがありました。二木謙一《ふたきけんいち》氏などの故実研究者によれば、大将首《たいしょうくび》につけるタグである首札は「桑の木」にする。そのほかは「杉の木」でも「椿の木」でもいいらしい。首級の扱いに通じているのも軍師の仕事。それにもむろん作法がありましたから、軍師はその専門家でなければいけないわけです。ちなみに総大将はその種のことは任せます。

中世、近世、近代の三つの時代には、それぞれの軍師・参謀のあり方が存在します。さらにはその三つの時代ごとに戦前、戦中、戦後がある。これは戦争前に行うこと、戦争中に行うこと、戦後処理として行うことというように、三つの時代ごとに軍師・参謀の仕事は異なります。ところが、どの時代でも変わらないものがある。戦争の前には事前情報収集と作戦計画の立案が必要となりますが、これはいずれにも共通していました。後者をビジネスに置き換えますと事業計画といったところでしょうか。さらに、戦闘資材と軍備の調達、そして兵士の動員も共通の仕事です。戦争の最中になると兵站《へいたん》という課題を担うことになってくる。これらをやるのがどんな時代においても軍師ということとなのですが、中世的な軍師の場合は、半藤さんがいまお話しになったような特殊性がありました。

中世日本人の世界観——武田信玄と軍師が発した〝デマ〟

半藤　要するに中世においては呪術的、祭祀主宰者的な役回り、ある種の神懸かり的な要素も軍師に求められたというわけですな。

磯田　現代人から見ると、たいへん不合理なことに思えるでしょうけれども、中世人の世界観というのは、「あらゆることが神仏の業《わざ》によって支配されている」という観念でした。たとえば兵力が大きければ有利に戦えるとか、ペンを手から離して落とせば下に落ちていくといったような目に見える力以外に、この世には目に見えない力があると信じていた。神々にはものを消滅させたり出現させたりするような力があって、雨を降らせ、ある者を病気にし、有利や不利な状況をつくり出す。つまり神仏が力学的な力を与えていると考えていたのです。目には見えないのだけれど、神々はそここにいる。ですから神々に対する事前の手立てを施しておくということが、まことに重要でした。中世人の頭の中では、おまじないや縁起かつぎは、むしろ合理性のある営為だった。それらは神々に対する当然のケアと考えられた。軍師はその重要な役割を担ったということなのです。

半藤　それはもう非常に大事な役回りでしたよね。それに関連してひとつ具体的な例をお話しします。戦国時代、合戦に勝ったときには、兵たちが敵から物品を奪うことや婦女に乱暴を働くことを、かなり大目に見るという慣例がありました。戦場によくある略奪、強姦ですな。じつは大将は、これを許さざるを得なかったというような側面がありまして、これらを禁じると兵たちがストライキを起こす危険性があるのです。戦ですから、命がけで働いてもらわないことにはどうしようもありませんからね。

磯田　そのころ、略奪は「分捕り」、あるいは「乱捕り」と言われていました。それが兵士の楽しみのひとつになっていたのです。とくに戦国時代になると軍団は、足軽という下層の兵士を多く抱えるようになる。当時、足軽は乱暴なもので物的、性的欲求のために戦いに加わる者もいましたから、ここぞとばかりに欲望をあらわにします。たとえば食物などは、半ば自弁でやってきていますので、敵地に入ると「刈田狼藉《かりたろうぜき》」といってそこの作物を刈りとって自分たちの食糧にしてしまう。あるいは建物を壊して材木を運び去るなどということもした。

半藤　兵士というより泥棒の所業だね(笑)。とにかく何か持って帰ることなくしては、命がけの合戦に参加した利益がないというわけです。そこで指揮官たちは目をつぶってそれをやらせたのだけれども、三回目の川中島の合戦（弘治三年／一五五七）だったと思いますが、武田信玄《たけだしんげん》はそれを禁じる命を出す。

磯田　「諏訪明神のお告げ」ですね。

半藤　そのとおり。よく知られているごとく、川中島の合戦は、いまの山梨県・甲斐の国の大名武田信玄といまの新潟県・越後の大名上杉謙信《うえすぎけんしん》とのあいだで信濃の支配権をめぐって争われた合戦です。五回にわたって戦われたといわれています。武田信玄の軍団は、比較的規律も正しく凄く強かった。しばしば起きている略奪を、かねて信玄公と側近は問題視しておったのでありましょう。その第三回の合戦のとき、「諏訪大明神が怒っている」と触れを出した。「これ以上続けると、諏訪大明神がお前たちに鉄槌《てっつい》を下しに来る」とね。

磯田　そういう夢を見たとある大将が言い、もう一人の大将もおなじ夢を見たと口裏を合わせて嘘《うそ》をつくんですね。

半藤　そう、軍師がその話をつくった。大将たちに命令していわばデマをかましたわけです。そうしたらピタッと略奪が収まったというのです。

磯田　彼らは「我がほうの将二人がおなじ夢を見ている。それほどまでに諏訪明神が怒っておられるのか」と思ったら身の毛もよだつほど恐ろしくなるわけです。神の怒りというものは、それを信じている人にとってモチベーションに大いに関わってきますからね。勝栗をみんなで食べて出陣した兵士と、勝栗を食べずに出陣した兵士とでは、やっぱり食べて出陣した兵士のほうが強かった。いや、ホントに（笑）。

半藤　これなど、軍団を鼓舞するために、「神の力」の心理的な作用はまことに有効だったというエピソードです。

磯田　では、ぼくも非合理な心理に関する例をひとつ。

この時代、兜《かぶと》の頭頂部分には「八幡座《はちまんざ》」と呼ばれる穴が開いていました。武家の守護神である八幡大菩薩と自分をつなげるために、当時はわざと穴を開けていたのです。神は天上におられると考えていましたから。ところが前傾姿勢をとると兜の穴が敵の正面に見えてしまう。放たれた矢が偶然、そこに当たったら死んでしまいます。そのことは、合理的思考でちょっと考えたら誰でもわかる。しかし戦国武将らは、危険を冒しても八幡大菩薩とつながりたいのです。江戸時代までその形式が続きますが、穴の大きさは中世から近世になるにしたがって、だんだんと小さくなっていきます。このあたりが、人間がしだいに合理化していったひとつの証拠でもあると思います。

半藤　面白いですね。中世の人はみな本当に神仏を信じていた。兜の穴から八幡大菩薩様とつながり、大将が二人もおなじ夢を見たというだけで略奪がピタッと止まったということは。神仏が存在していて、それに対する畏れの感覚が常にあったということの証左です。

磯田　もうひとつ、中世の戦い方のなかにも、そう考えざるを得ないような理由があったように思いますね。主力の武器は弓矢。放物線を描いて飛んでくる凶器による戦いです。矢による攻撃はとくに敵との間合いが遠い合戦のはじめは、水平発射による狙い撃ちではなく、遠くから大量に放って放物線を描いて敵方に落とす「遠矢」というやり方でした。だから矢は偶然性をもって頭上に落ちてくる。どこに落ちるかは撃ち手の腕や矢羽の具合もあろうけれども、ちょっとした風の動きといった偶然性にむしろ支配されている。つまり人智を超えたところで生死が決まってしまう。生死が自分の能力を超えたところで決まることだとしたら、こういう戦場の男たちに神仏をまず先にいただくような考えを捨てろというのは難しい。ですからその時代、やっぱり「八幡座」は大きく開いたままです。

壬申の乱と「神風」——天武天皇の風読み

半藤　「風向き」で思い出しました。時代はぐんと昔に戻りますが、壬申の乱（六七二）という、天皇家内部の争いがありました。川中島を遡《さかのぼ》ること九世紀も昔の話です。関ケ原のあたりで、大友皇子《おおとものおうじ》軍と大海人《おおあまの》皇子軍が衝突した。このときも弓矢が山なりに放物線を描いて飛び交っていたわけです。ところが突然、疾風が大海人皇子軍の後ろから吹いた。そのおかげで大海人皇子軍の矢は長く勢いよく飛び、逆に大友皇子軍のほうの矢は風に押されて途中でパタパタと落ちてしまう。大友皇子軍は一気に押しまくられて負けるのです。以来、大海人軍を助けたその風は、伊勢のほうから吹いた風であるというので「神風」と呼ばれることになる。伊勢神宮がここで突然浮上するわけですね。伊勢神宮が天皇家の氏神になるのは、壬申の乱を契機にしていたのです。

磯田　大海人皇子はこのあと天武《てんむ》天皇となって皇位につきました。美濃と伊勢の豪族を引き連れて勝利したこともあって、日本でおそらく初めて集権的な政府をつくることに成功します。そしてワンオブゼムの神に過ぎなかった伊勢神宮が、「神風」の権威づけもよろしく天武・持統《じとう》のご夫婦の天皇のところで氏神化されていった。

天武天皇は、大海人皇子時代、伊勢へ向かって進軍し、自ら式盤をとって占い、自分が天下を得ると言いました。あれは何だったのでしょうね。士気を高める作戦だったのか。

半藤　大海人皇子は、いったん出家という格好をとって引っ込んでいた吉野から旗揚げして出てくると、たしかに伊勢をグルーッと丁寧に回っていますね。おそらく「勝ったらたくさん貢ぎ物をしますから、ご支持をよろしくお願いいたします」とか言って歩いて軍勢を集めたのでしょうな（笑）。

　天武天皇は天文にもかなりくわしかったようです。「行く鳥の　争ふはしに　渡会《わたらひ》の斎宮《いつきのみや》ゆ　神風に　伊吹きまどはし」と柿本人麻呂《かきのもとのひとまろ》がうたっておりますが、おそらく天武自ら軍師的な吉凶占いをやったのではないですか。いずれにしても、風の動きを読むことは戦場においてきわめて大事なことでしたから、中世の戦場でも、軍師は風を見るのに、それはもう忙しいんですよ。

磯田　天候、風、太陽の向きに方角という問題が加わるから、戦いはどうしても呪術性から抜け出ることができない。それが中世までの軍師の特徴でしょうね。

軍師の情報ネットワーク――宗教者たちとのつながり

磯田　軍師が宗教性を帯びているということは、じつは情報ネットワークとも深く関わっています。中世においては、交易と並び宗教上のネットワークもまた重要な情報網でした。具体的には山伏やお寺の坊さん、神主さんなどが情報網の担い手となった。情報を入手しようと思ったら、馬借《ばしゃく》だとかの流通業者のもとへ行くか、あるいは港へ行くか。もしくは僧侶とか宗教者のネットワークに接近しなければ、遠く離れたところの情報を知ることはできなかったのです。その点でも、軍師が宗教性を帯びているということは、とても重要な要素であったと言えるでしょうね。

半藤　軍師が情報に通じているかどうかは、もう死活問題ですから、それぞれが情報入手の手だてを持っていたと充分考えられます。

磯田　呪術性に加えてもうひとつ、中世の軍師が後の時代の軍師と異なる点は、一人が何でもやらざるを得なかったことです。

半藤　先ほど出陣の儀式として「三献の儀」が紹介されましたが、必勝祈願の儀式のひとつに「血祭りの儀式」というものもありました。敵の物見を捕まえてきて首を刎《は》ねる。これは「一番首」と言われています。この首を使って「血祭り」の儀式を執り行うのですが、もし「一番首」がすぐにあがらなかったら、しょうがないから道で寝ているような者を連れてきちゃう。「これは敵の物見である」と言って血祭りの儀式をやるんです。これも軍師の仕事でした。

磯田　たとえば室町時代になると、「陣僧」という、戦場についていく専門の僧侶が登場しています。その仕事は何かというと、呪術をやる。首実検や死体の片づけや弔いまでもやっています。中世軍師は、吉凶占いから儀式全般まで、まさにすべてを手がけていたのです。

半藤　それから「刃渡りの儀式」というのがあって、城門の外に包丁の刃を外に向けて並べ、必勝を祈ってそれをみんなが飛び越えていくんだそうで、そんな儀式もあった。その手配も軍師がやる。昔は、軍師は一人しかいなかったから、くどいようだがたいへん忙しかったんです。もちろん人足は使ったろうけれど、差配するのは軍師ですからね。それらを儀式どおり滞りなくやるには、学問がなくてはならない、ということですでにお話ししたとおり、陰陽五行思想に明るくて、故事にも通じていることが前提でした。慣れとか手際とかという技術だけでは及ばないんです。そしてすべてが整えられたところで大将に「すべて万端準備は整いました」と軍師が言い、大将が

「それでは」と将兵を率いて勇躍して出陣して行ったというわけですね。

磯田　戦国までは、軍師のみならず大将とてそうとう忙しかった。運び込まれた兵糧米など、米一俵ほどの受け取りでも大大名が自ら書いているのが、みつかっています。ところが、時代が下り江戸時代以降ともなるとそういうことがなくなって、専門の係が代わりに書くようになる。人の素養はどうあるべきか、その考え方がずいぶん変わってきた気がしますよね。世の中というのは常に専業化、分業化が進んでいくものでして、専門分化が進んで軍事官僚が生まれてきます。はるかそれ以前、中世の軍師たちにはオールマイティが求められていたのです。

トップの欠落を補うということ――源頼朝の耳目となった梶原景時

磯田　いずれにしても、やはり「トップの、欠けたるが軍師を生む」ということは言えるのではないでしょうか。欠けているところを埋めるために軍師が存在するとしたら、トップにどのように欠けが生じるのかということが、その時代その時代に求められる軍師の役割の特色にもなるのだと思います。

鎌倉時代の軍師でいうならば、たとえば侍所司《さむらいしょじ》の梶原景時《かげとき》。源頼朝《よりとも》は政治的な手腕において欠けたるところはない。だけどいまみたいに電話やテレビカメラがあるわけではないので、目や耳となるものはどうしても必要になる。そうすると見たものを正確に、いま自分が見たかのように雄弁かつ詳細に喋って再現してくれる人が必要となるわけですね。源頼朝の補佐役として、景時が必要とされた背景のひとつはそれだったのではないでしょうか。「目付役」、つまり代理人としての軍師です。

もうひとつ。武士の政権が最初に鎌倉にできたとき、あの政権にいちばん欠けていたのは何かというと、文字（法）による統治技術なのです。言うなれば「法曹《ほっそう》」。頼朝はそれを補う能力を調達する必要に迫られました。

半藤　文字でもって決まりをつくり、裁く仕組みということですね。

磯田　ええ、統治者にはどうしても必要なものなのですが、「文字によるルールというのはこういうものだ」と言い得る者が鎌倉にはいなかった。北関東に散らばった有力な武士集団は、開発領主が多かった。頼朝のまわりにいたのは、地方の武将たちばかりだったのです。

半藤　そういう連中のなかに、法曹に長《た》け文字で規範を示すことができる者がいなかったとしても不思議ではない。実際数多くはいなかったんですよ。先日、『吾妻鏡《あずまかがみ》』

を読んで、アッと驚いたことがあります。承久三年（一二二一）六月十五日の条、いわゆる承久の乱のことですが、鎌倉軍のなかに、大将の北条泰時《ほうじょうやすとき》も含め武士たちは誰も漢文で書かれた院宣《いんぜん》が読めなかった。誰か読めるものはおらんかと、探しているんですよ。これには真底ぶったまげた（笑）。

磯田　古代、中世の社会というのは都鄙《とひ》、都と鄙《ひな》の差が非常に激しかった。都で暮らした経験を持ち、ちゃんと官位も貰ったような人間しか、本当のところ、文字による統治技術を持っていなかったのです。鎌倉幕府最大の欠落が、法とか制度とか、都と交渉する技術というものだったといえるでしょう。そこで、そういう人材がすぐにも必要となったとき、うまいこと京から下ってきてくれたのが大江広元でした。

半藤　大江広元は下級公家ですが、源頼朝にとりたてられて、京から下ってきて鎌倉に居つく。トップからとりたてられたとはいうものの、都びとが東国の武家集団のなかに割って入ってきても、なかなか仕事はやりにくかったのではないかと想像します。けれど大江は優秀だった。単なる事務方でなく、重要な仕事をしましたね。

磯田　腕っぷしの強さだけで天下が取れればいいのだけれど、親分がすみずみまで支配する、その構想をシステム化し合法化するには、別の能力がやっぱり必要なのです。

たとえば守護・地頭なるものを考え出し、それを朝廷に認めさせて制度化し正統化する。つまりレジティマシーを持たせるということを構想するのは、やっぱり大江のような、京都暮らしの経験を持ち、官位も五位くらいを貰っている人でなければできません。

半藤　すべての礼儀、作法、しきたり、そういうものを心得ていなくてはなりませんからね。公家がエライというわけではなくて、幕府というものをつくるためには、そういう形式を整えて公式に納得させる手続きというものが必要でした。でたらめにやるわけにいきませんよ。会社の組織を保つためには社内規定をきちっとしないことには、組織は完成しないじゃないですか。頼朝は日本全体に既定を及ぼそうとしたわけですから、もうレベル違いの大仕事。

頼朝を支えた大江広元は、軍師であり外交官でもありました。後鳥羽《ごとば》上皇が鎌倉幕府に叛旗をひるがえしたものの鎮圧された先ほどの承久の乱について、北条政子《まさこ》が歴史小説などでやたらと褒められますが、京へ向けて積極的進撃を主張したのは大江広元です。彼がいなければ頼朝死後の北条家は成立しなかったと思いますよ。

磯田　当時は官職による身分が穢れの感情と結びついた社会でしたから、御殿に上がることすら官位がないとできない。五位以上の官位を持ってないと殿上に上がれないから、それ以下の身分の者は政治を議論するどころの話ではない。官位がなければ、「地下人《じげびと》」として門前払いを食うわけです。

　頼朝の弟、義経も、最初の段階では官位が低すぎて話になりません。公家たちにしてみれば、地べたに這《は》っているような生き物であって、ようやく横目で見るかどうかというような程度でした。いっぽう大江広元は最初から五位なので、おなじ部屋に入って話す資格を持っているわけです。ですから義経は、入京したときには必ず大江広元を外交官として伴って、朝廷との交渉を彼にやらせながら、西を攻めているわけですよね。この代理人を駆使することが、中世の将と軍師の、生き残りと勝ち上がりの要諦でした。

軍師と参謀の違い——山本勘助、川中島に死す

磯田　戦争が実行段階に入ったときには、「理外の理」、必ず想定していないことが起きてくる。それに対処するためにも軍師が必要とされました。

半藤　戦いの場では軍師は必ず大将のそばにいるわけですよ。状況に応じて予備軍をいつ出すかとか、そういうことを軍師が判断する。いちばんわかりやすい例は先ほどもチラと話した川中島の合戦です。武田信玄のそばに軍師として山本勘助《やまもとかんすけ》がいたということになっているじゃないですか。本当にいたかどうか知りませんがね。

磯田　山本は本当にいたんです。川中島の戦場にいたかどうかまでは知りませんが、実在が間違いないことはわかった。

半藤　北海道の釧路で『市河家文書』という古文書が発見されて（一九六九）、そのなかに「山本菅助」の名があったというのですよね。いま歴史学者は山本勘助を実在の人物として認めていることは私も知っていますが。

磯田　昔は当て字が当たり前だったので、「菅」と「勘」の違いはあれ、人物としては同一視できるという見方をされています。古文書がたくさん出てきましたから、実在は、まあ間違いないです。

半藤　とはいうものの、果たして名軍師であったんですかね。単なる侍大将ぐらいのものだったのではないか。少々疑ってかかる必要がありはしないかと私は考えているのです。講談や小説では、勘助は最後になって「もはやこれまででございます」と言って、自ら突入して戦死しちゃう。要するに戦闘状況に対する自分の判断が誤ったために敗北を招いたと。重要な戦局において間違った判断をした場合には、軍師とて責任をとって討ち死にした、そう描かれているのですが……。

磯田　参謀と軍師の定義で重要な一点というのは、近代軍においては「指揮権を有するか有しないか」というところ。これがやっぱりきわめて大きな分かれ目ですね。日本の旧帝国陸軍の規定から自衛隊の教範に至るまで、たぶんそうだと思うのですが、稀《まれ》に参謀に委任されることはあっても、指揮権というものはあくまでも指揮官の名前のもとにある。参謀は、「こうしたらいいかもしれません」という案をテーブルに載せるところまではできるけれども、その案に則って「やれ」と指揮官に無断で委任なく命令することはできないのです。これは近代軍ではっきり定義されています。しかし時代を遡れば遡るほど、通信手段が極端にかぎられていますから、指揮権を委任せざるを得ないケースが出てくる。だからこそ、中世や戦国時代は、参謀でなくてみな軍師と呼び習わしたのでしょう。副指揮官は「軍《いくさ》奉行」と呼ばれたりしていましたが。

半藤　おっしゃるように、軍師はいざというときには指揮権を持たざるを得ませんね。そういう意味では、かつて軍師は総大将の身代わりをやらなきゃいけないこともあった。参謀というのは後から出てきた職分ですね。

磯田　なぜ日本人が歴史時代に「軍師」という言葉を使うかというと、中国の歴史書『史記』のなかに、張良《ちょうりょう》（紀元前二百年前後の人）といううきわだった軍師の姿を見るからです。漢の劉邦《りゅうほう》を助けた張良が象徴的な軍師像を反映していたのですね。本来、軍師を明確に定義しようとしたら、古代中国の、軍師の誰それの人物像にその有りようを求める、ということが必要になるのかもしれません。

半藤　『史記』は中国前漢の武帝《ぶてい》の時代に、司馬遷《しばせん》によって編纂《へんさん》された通史で、叙述範囲は二千数百年にわたる大著です。日本に初めてもたらされたのは奈良時代。これが江戸時代を経て現代に至るまで、我が国では連綿と受け継がれ読み続けられましたね。そして『史記』のみならず、中国の古典は続々と入ってきて武家の教養書として定着していったわけです。

磯田　そして『司馬法』、『李衛公問対』。いわゆる「武経七書」ですね。『孫子』、『呉子』、『尉繚子《うつりようし》』、『六韜《りくとう》』、『三略』。

半藤　ええ、それらが兵法の代表的古典です。余話になるかと思いますが、『六韜』についてちょっと解説を加えますと、この兵法書は『孫子』と比べるとちょっとマイナーになりますが、戦国時代にはこれもよく読まれた。「韜」というのは難しい字を書くのだけれども、元の意味は弓とか剣を入れるふくろのことを指します。『六韜』

というのは「文韜」、「武韜」、「龍韜」、「虎韜」、「豹韜」、「犬韜」という六つの巻に分かれているのでこの名がついた。よくできた参考書を指して「虎の巻」なんて言いますが、これはこの「六韜」の「虎韜」の巻から派生した言葉です。「六韜」は、いまから三千年前の、古代中国の周の国を建てた武王《ぶおう》が、軍師の、ご存じ太公望呂尚《たいこうぼうりょしょう》に質問をして、答えを得るという問答形式で書かれております。

冒頭で、中世的な軍師から近世的な軍師へと変わる転換点に、黒田官兵衛と竹中半兵衛がいると申し上げましたが、彼らはこうした書物をまことによく勉強しているのです。つまり占いやおまじないだけでなく、いわば学問としての兵法をきちんと学んでいる。そこが違うんですね。

磯田　わけても彼ら近世の武将たちは、「孫呉の兵法」といわれる『孫子』や『呉子』の考え方、教え、心の持ちようなどに重きを置くようになってくる。自らを張良、楽《がっ》毅《き》、諸葛亮《しょかつりょう》なんていう中国の戦国時代の英雄になぞらえたりしています。あのようになりたい、ということでしょうね。

中国兵法書の浸透──不滅の思想、孫子の兵法

磯田　情報活動や外交交渉を駆使して、戦にならぬようにいかに勝ちを収めるか。中国の兵法書というのは、そうした間接戦略を重んじたこしらえになっていました。それを学んだ彼らはやっぱりそういう傾向の軍師になっていくわけです。外交官的、情報収集官的とも言うべき近世型軍師の誕生でした。

半藤　わかりやすく言うなら、事前調査を充分にやるとか後ろから手を回してネゴシエーションをしておくとか。そういうことに力を注ぐというやり方ですね。

磯田　切り崩したり、講和をもちかけたりという技を駆使するようになる。

半藤　いわゆる軍師と呼ばれる人物が活躍する時代。その背景には、こうした教養の浸透があった。なにせ『孫子』の兵法は、基本的に戦争しちゃいかんという考え方ですからね。調略的に勝つのがいちばんよろしいと言っています。

磯田　『孫子』でも『呉子』で『六韜』でも『三略』でも非常に実践的ですね。戦わずして勝つ。そのための書物でした。

半藤　それが「武経七書」なんです。まあ、「やむを得ず戦わなきゃならないときはこうせよ」というのも書かれてはおりますがね。

磯田　ヨーロッパでは、「戦わずして勝つ」という戦争の哲学的本質に到達し、それが普及するのはクラウゼヴィッツの『戦争論』の登場を待たなくてはなりません。クラウゼヴィッツは孫子の時代から下ること二千三百年後の、プロイセン王国の軍人であり軍事学者。ナポレオン・ボナパルトの時代の人物です。彼が「戦争は政治の延長である」と定義したことはあまりにも有名です。では政治とは何かというと「自分の意思を相手に強要することである」と言う。「自分がやりたいと思うことを相手になさしむることである」と。つまり「勝つ」ことは、敵の皆殺しでもなければ敵戦力の無力化でもない。「たとえ敵が兵力を保持したままであっても、こちら側の意思のとおりに動いてくれたらそれは勝ちである」と断じた。この認識にヨーロッパが達するのは、ナポレオン戦争のためにヨーロッパ全土が死体に覆われたその後のことでした。その犠牲の後に、ようやくヨーロッパ社会はその哲学を確立することとなったのです。

東アジアの中国は、紀元前にしてその思想をモノしていた。これは凄いことですね。恐るべきことです。紙の登場以前、竹簡に文字を書いている時代にそこに行き着いていたという。まことに進んだ思想でした。

半藤　現代、そして未来にまでつながる思想なんですよ、『孫子』の兵法は。「百戦百勝は、善の善なるものにあらず、戦わずして人の兵を屈するは、善の善なるものなり」。みんな誤解して、勝つための兵法だと思っているけれど、そうじゃない。勝つための方法ではあるけれど、勝ちの定義が違う。

磯田 「勝つ」とは必ずしも戦争を介さなくても、なし得るのであるという思想です。

半藤 『孫子』の思想でいちばん大事なのは、「国を全うするのを最高のこととする」と定義していることだと思う。つまり戦争をしないことが最高であると。国家の目的は存続することと繁栄すること。そして民の福祉を大事にすること。これが最大の目的であると言っておりますね。経済力をつけることが重要なのであって、それを考えないで戦を起こすなどとんでもない。「兵は国の大事。死生の地、存亡の道なり。察せざる可からず」。兵すなわち軍事は最終手段。できることならやってはいかんという。ここが『孫子』のいちばん大事なところなのですよ。

磯田 ところが近代国家になって参謀という職分が生まれると、様子は一変します。参謀は軍に所属しているものですから、戦争の準備をしたり、軍隊を整備したりすることが仕事。もう戦争以外の選択肢を持たなくなっているのです。軍事参謀というのはだんだん矮小化されていって、『孫子』が言うごとく、国を存続させること、国民が幸せに暮らせる状態をつくることが大事ということが視野からはずれていく。戦争で勝てる準備をすることが務めとなり、軍艦を増やしたり、師団の数を増やすという工夫をできた人が出世するようになり始める。そこまで堕落したときに、国の死が始まります。

半藤　調略ということから考えますと、外交と軍事というものは本来一体のものであって、その原則がちぎれたところに昭和前期の問題がありますね。これはのちにじっくり語ることにいたしましょう。

近世型軍師の誕生――知謀の人、竹中半兵衛

半藤　黒田官兵衛と並んで有名なのが竹中半兵衛。黒田と違って竹中半兵衛をめぐる挿話の多くは、講談でつくられたのではないかと少々疑っているのですけど。

磯田　あるいはそうかもしれませんね。

半藤　伝えられている話によれば竹中半兵衛は、美濃の斎藤家の稲葉山城を十六人だか十七人だかの家来だけで、戦もしないで奪ってしまったと。そんなことが本当にあり得たかどうかわかりませんが、もし本当だとしたら、竹中半兵衛という人は戦争を

しないんです。『孫子』の兵法を実践していたことになる。

磯田　長年、信長が攻めあぐねた名城・稲葉山城を十数人であっという間に策略でもって占領してしまったと言われていますね。

半藤　あれ、本当ですかね。

磯田　異説もありますが、本当でしょう。もとより彼の意図というのは稲葉山城を入手することであって戦争をすることではなかった。とすればどんな手段でもよかったわけですよ。大動員の必要はないということになる。

半藤　半兵衛は美濃の斎藤家の家来筋ですから、城のなかにはスンナリ入れたはずです。「どうぞ、どうぞ」と言われたかどうかは知らないけれど、守っているほうの連中は主君のお見舞いか何かに来たと思っている。まんまと城内に入った半兵衛らは、やおら鎧《よろい》かぶとに身を固めた。そこでダッと一気に押さえちゃったというわけですが。

磯田　クーデターに近いです。あの時代はまだ、領国のなかでみんなバラバラに散らばって住んでいました。城下に集まってはいなかった。ですから城内で何か穏やかならざることが起きたとしても、すぐには助けが来ない。城内にも少しは兵がいますが、竹中半兵衛が弟の病気見舞いとして引きずり込んだ兵士で充分やれた。しかも城のなか。防御施設のなかにいるから外から襲いようがない。

半藤　要するに弓矢や刀剣を合わせて戦闘を交える必要は、まったくなかったわけですな。その知謀の竹中半兵衛を見こんだ豊臣秀吉《とよとみひでよし》が、三顧の礼を尽くして自分の軍師に迎えたとされているわけですが、これなんか明らかに『三国志』の、劉備《りゅうび》に乞われた諸葛孔明《こうめい》の逸話とそっくりなんです。そういうこともありまして、私は竹中半兵衛の挿話は、どこまで本当かわからんゾとニラんでおるわけですがね（笑）。

磯田　**いずれにしても、理想の軍師・参謀の条件のひとつは、はかりごとをするときの目的が矮小化されていないこと。大局観があるかどうかです。**

半藤　それは大きいですね。何よりも大局観が大事です。

磯田　大将も思いつかないほどの広い視野、高い視座。そういうところに立って物事を考えているかどうか、という点が重要です。

半藤　**それのあるなしによって戦略・智力の差が出てくる。**中世的軍師に比べて近世の軍師には学問の賜物もあって、そういう観点が備わってきたように思いますね。近世になって、それぞれ大軍勢がぶつかり合うようになりましたから、同盟とか調略とか、そういうことで衝突の圧力を弱めるようなことにも力を傾注するようになった。

毎回、全面戦争をやっていては兵力が激減するだけですからね。

磯田　企業のなかでも参謀役をやる人は、目先はすぐ売れるかもしれないけど、これは長く支持される魅力に欠けるとか、いずれコンプライアンスに引っかかってあとでしっぺ返しを食らう可能性があるとかというふうに、広い視野で考えるということは絶対に必要ですね。そういう場合はリスク過大と捉えて、いかに社長がやりたいと言っても反対しなくてはなりません。戦争は時の流れから切り離された一回の事件ではない。必ずそれをやったあとに事態が連続する。長期的利益を考えずにやれば失敗します。大事なことは要するに、作戦家に、短期的な利益だけを求めてはならない立場にあるとの自覚があるか、ないか。

ぼくは、石田三成《いしだみつなり》はいろんな面で凄い人だと思っているのですが、残念ながらやっぱり黒田官兵衛を越えられない。豊臣秀吉が朝鮮を攻めようとしたとき、官兵衛はそれがもたらす結果がわかっているから、全然やる気がないわけですよ。それでも秀吉に口説かれ軍監となって出陣したものの、石田三成や小西行長《こにしゆきなが》など若手の諸将の独走と迷走に憤慨している。三成が戦況報告のため漢城（いまのソウル）から釜山に退いてきて、軍監である官兵衛に面会にやってきた。にもかかわらず、官兵衛は浅野長政《あさのながまさ》と碁を打っていて三成に会おうともしないわけです。三成がやっていることを完全に否定しています。

半藤　官兵衛は、朝鮮戦争などというのは何の得にもならないと考えていたのです。日本の国力はそんなに強大ではないと。

「赤信号」では「不服従」を選べ――石田三成の誤算

磯田　そう、わかっていました。そもそも朝鮮攻略軍は、仕立てが間違っていたのです。石田三成は、元気のいい武将でないと朝鮮の広い野原で戦えないと思っている。だから小西行長、加藤清正《かとうきよまさ》という若くて鼻息の荒い武者を先頭にした作戦を立てる。秀吉もそれを了承する。ところがそうではないだろうと官兵衛は考えていました。若い連中は、手柄を立てたいから血気にはやって村を焼いたり余計な殺戮をしたりするに違いない。功を焦ってほかの部隊との綿密な調整もやらずに攻めていくばかりになるはずだと。

老練な前田利家《まえだとしいえ》か家康《いえやす》か、あるいは二人ともか、もしくは秀吉自身が渡海しなければ、こんな難しい試みは成功しないと考えているのです。だいたいにおいて諸将らがあんな若造の言うことは聞かないだろうと。けっきょく放埒な略奪軍になるに決まっているわけですよ。

半藤　案の定、一番隊の小西行長と二番隊の加藤清正は先陣争いで揉めますね。李氏朝鮮の都である漢城へ別ルートで攻め上っている。ひたすら功を急いだ。

磯田　略奪が始まると地元住民たちは村を捨てて逃げざるを得ないから、無人の野になってしまう。じつは秀吉は朝鮮攻略作戦を、明を攻めるための先駆けと位置づけていました。最終目的は中国、明の攻略なのですから、本来ならまず朝鮮の人たちに領地を保証し安堵させるべきでした。それができないなら無理な計画でした。さらに、それをやろうとしなかったということが、この作戦の重大な欠陥だった。

　朝鮮のあちこちでゲリラが発生すると、秀吉軍は個別に鎮圧に当たることになりました。当然ながら食糧調達もできなければ、占領地経営もできない。そうこうしているうちに、明の援軍がやって来て反撃されるという負けパターンに陥ってしまいました。食糧も現地で調達できないとなると、物資を送る船を襲われたらもう最後。敗退が必至となるのは理の当然なのです。こんな当たり前の予測さえできなかった。

半藤　秀吉は最初、対馬の宗氏を通じて李氏朝鮮国に連合による「唐国平定」を持ちかけて、自分の支配下に入るよう促しますね。いっしょに明を討とうと持ちかけている。けれど、これなど国内の調略とおなじ感覚じゃないですか。「外国人相手にそれは、通用しないよ」と進言する側近がいなかった。

磯田　時として軍師は大将に反対しないといけない。しかし、ここが難しいところです。大将が自分の提示したものを選ばなかった場合に、武将のマニュアル『孫子』のいう「君命にも受けざるところあり」とできるか。盲導犬だって不服従というのがありますよね（笑）。赤信号のときは主の意に反してでも渡らないという。自分なら「これは絶対に崩壊する作戦だ」と思ったときは、斬られるのを覚悟で大将に服従しないことを選ぶ。文章をひとつ書くのでも、姿勢はそうあろうと思っていますけどね。

大局観と自己認識――小早川隆景は、なぜ追撃しなかったのか

半藤　その種の「大局観」を持っていた軍師といえば、私は小早川隆景《こばやかわたかかげ》の名を挙げたい。この人はご存じのとおり中国地方の覇者、毛利元就《もうりもとなり》の三男坊。朝鮮の戦のときは碧蹄館《へきていかん》の戦い（文禄二年／一五九三）で、明の大軍を向こうにまわした大勇戦で、その名を上げておりますがね。じつはこうした武勇より、問題の「大局観」で、毛利の

国にたいへんな貢献をした人物でした。この小早川隆景と吉川元春《きっかわもとはる》の軍師二人をまとめて「毛利両川《りょうせん》」と評されておりますが、私は元春よりこっちのほうが上じゃないかと思いますね。毛利元就が死んだ後、勢力を大きく失う可能性があったけれども、毛利家は小早川隆景の大局観に助けられることになる。

磯田　元就は長男隆元《たかもと》を後継者にして、次男の元春を吉川家に入れ、三男隆景を小早川家に養子に出した。これは、吉川家、小早川家が毛利家を支えてくれよという政略でしたね。

半藤　隆景はこれによく応えました。というわけで、彼の「大局観」を証明する一件についてお話ししたい。

秀吉率いる信長派遣軍は、中国攻めで備中高松城、いま岡山空港のあるあたりですが、これを水攻めします。その最中に信長が討たれたという報《しら》せを受けて、軍師黒田官兵衛が、明智光秀《あけちみつひで》討伐を秀吉に進言して京に取って返すことになる。ご存じ「中国大返し」(天正十年／一五八二)です。このとき毛利の諸将は反撃のチャンスと思った。引き返していく秀吉軍に追討軍を出そうと主張するのです。高松城が落城寸前となって、毛利勢はやむなく秀吉率いる信長派遣軍と講和を結んだばかりのときでした。その直後に秀吉が逃げるように退却していくのですから、それを見ていた毛利勢の諸将は、次男の元春をはじめ追撃するしかないと思った。

ところが小早川隆景はこれを強く制止。イケイケとばかりに猛る連中を抑え切った。なぜか。情報はもっぱら安国寺恵瓊《あんこくじえけい》から得ていたようですが、その情報から、「秀吉の器量というのは考えている以上に凄いらしい。迂闊にこいつと全面対決するのはよくない」と判断していたからです。

磯田　あのとき、たぶん小早川隆景には戦略が二つあったと思います。ひとつは、備中高松城における攻防戦で信長派遣軍と結んだ講和を尊重し、信長系勢力と協調していく路線。もうひとつは、信長が死んだ以上は講和破棄。信長のあとを引き継いで畿内に権力を立てようとする者が出てきたら、その反対側に立つ勢力を支援して揺さぶりをかけることもできる、という考えです。つまり信長後継者の軍団がこの後再び中国侵食の構えを見せれば、いつでも水軍を大坂へ派遣して畿内を牽制し、軍事的均衡を保つという戦略です。

半藤　当時の毛利軍というのは圧倒的な海上兵力を持っていましたからねえ。

磯田　ええ。ですから、ときどき村上水軍を率いて大阪湾へ進出し、畿内勢力を容易には中国地方へ進出できないように圧迫する。そうしておけば中国十二カ国の自分たちの政権を、長く維持することは可能。そういう考えもあり得たわけです。

半藤　乱世のままならいいんですよ、その路線でも。ところが、もし天下を統一できる大勢力ができてしまったら……。

磯田　まさにおっしゃるとおり。毛利方は早晩天下が統一されるのか否かを見極めなければならなかった。中国以外のすべてを押さえた勢力との対決となれば、もはや勝ち目はありません。

半藤　そうなったら恭順せざるを得ない、自分たち中国地域はワッと攻め込まれて跡形もなく消されてしまう、と、いう具合に隆景は、近未来の情勢と大局を見とおしたのでしょう。この小早川隆景の大局観。その背景に目を向けると、土地柄ということとも無関係ではないように思いますがいかがですか。長門（山口県）という本州の端から見えるものがあったのではないか。

磯田　周縁からの視座ですね。辺境からと言ってもいい。

半藤　辺境です。小早川隆景は、天下統一を果たそうとする者は、中央近くにいる者だと、思っていたのではないでしょうか。

磯田　毛利の家臣団も、親方様に天下を取ってほしいとは思ってないのですよ。毛利軍は連合体でした。中国山地の山々の、谷間ごとに小城を築いている豪族たちは、それぞれ谷を治めて安泰に暮らしたい。それを願って毛利の下に集まってきている。一方、濃尾平野のあのだだっ広いところにできあがった信長軍は、まったく異なる事情を抱えます。黙っていたら攻められる。先にやらなきゃやられてしまう。というわけでつくられた外征軍でした。外に遠征するためにつくられている軍ですから、拡大していかざるを得ないわけですね。だからついには朝鮮まで行こうとする。いや、明まで行こう、インドまで行こうと。

半藤　隆景はその決定的な違いというものを認識しているのですよ、いわゆる中央と地方という大問題を。「彼を知り己を知れば百戦殆《あやう》からず」と『孫子』にあるとおりです。自分を知っていた。けっきょく中国大返しを追わなかったことで、天下人となった秀吉の信頼を得ることになる。

磯田　へぼ将棋とおなじですね。目先だけ見ていて、歩で相手の飛車がとれると喜んだところが、自分の王将が詰むのに気がつかない。王将より飛車を大事にする。これが軍師として大局観のない、いちばんダメなタイプです。しかし、隆景は違った。

半藤　いずれにしても、近未来展望を持つことは、この時代まことに難しかった。それだけに、きわめて重要でした。

願望と現実を見極める力――黒田如水に引き際を学ぶ

磯田　このときまさに歴史の大転換期のただ中にいた。ではそこで何を洞察しなくてはならなかったかというと、それは火縄銃が普及したあとの世の中にどんな変化が起きるのか、それを見とおすということでした。

火縄銃の普及によって戦の決着の付き方が、それ以前と大きく変わるだろう。中央集権度の進み具合を考えると、最後は必ず誰かが統一するに違いない。そういう大局観をおそらく隆景は持っていたと思います。ここが尋常じゃない。

誰かが全国を統一するとして、もし明日の天下人の反対勢力側につくことになった場合、その人物の勢力と毛利の十二カ国は対決せざるを得ないということになる。そうなったときには自分たち毛利が天下を取るか、敗れ去って滅亡するかしかないわけです。では、自分たちに天下を取れる力量があるのかどうか。

自己戦力の見積もりが正確かどうかというのは、これはもうきわめて重要なポイントでした。**軍師・参謀に備えたい智力のひとつは、願望と現実を見極められる能力なのです。これは単なる願望か、現実化し得るものなのかを。**

半藤　それに見極めがついて展望が見えたら最後、恐ろしくなるでしょうな、夜も寝られないほどに。小早川隆景は、「天下を分ける内輪揉めが畿内で起きるから、その帰趨《きすう》を見てから処し方を決めよう」と考えたのかもしれません。

磯田　「願望と現実を見極められる能力」と言いましたが、そこには子どもが小川を跳び越えるときのような、ある種の本能的「勘」というものの働きもあるように思う。それが備わっていない参謀や指揮官を持った国や軍は、きっと酷い目に遭いますよ。アメリカと戦ってなんとか伍《ご》せるなどという考えは、すなわち願望です。中国と長期的に対立を続けて、押さえ込めるなんていう考えも願望。

半藤　まったくそのとおりです。持たざる国日本の国力と、海岸線が長く奥行きのない細長い島国という地政学的位置をしっかり考えなければならない。

磯田　願望か現実なのか。そこを明確に分けられない人がしばしば過ちを犯す。これはかなり重要なポイントです。願望か現実かを冷静に考えて見極められる人は、こだわりがない人に多い。地位や名誉やある種の思想にこだわりがありすぎる人に、願望を現実ととり違える人が多いような気がしますね。かねてぼくは、外交官という職業は、いちばんこだわりを持ってはならない職業だと思っています。ドイツ駐在武官から特命全権大使になった大島浩《おおしまひろし》は、「ドイツは素晴らしい国だ」とこだわり続け、ついには日独伊三国同盟（昭和十五年／一九四〇）にもっていってしまいました。

半藤　自分の慣れ親しんだものや、親しく接しているものを突き放して見るというのは難しいことですけれどもね。しかし国のかじ取り役には、その自覚と能力が必須なんです。私なぞ年を取ったせいか、もうなんにもこだわらなくなりましたがね（笑）。

磯田　だからぼくは、小さい子どもはお年寄りに育ててもらうのがいちばんいいと思っています。もう欲も何もない、そんなお年寄りこそ子育てにふさわしい。

半藤　やっぱり多かれ少なかれ、壮年の年ごろは誰でも野心を持っていますからね。

磯田　黒田官兵衛は出家して名を如水《じょすい》と変えるわけですが、それはつまり、こだわりはもうないよ、という宣言だったのだと思います。四角の器なら四角に、丸の器なら丸になり、水は決まった形を取らない。

半藤　水の如し。これが最大の知恵の源泉であると、ついに行き着いたのでしょう。

名軍師は逆境に育つ――隆景と幸村が、人質となって得たもの

磯田　小早川隆景は小さいころから人質としてよそにやられて、寂しい暮らしをして育ちます。しかし彼が追いやられた大内氏の山口は、戦国の西日本では、最も優秀な学者や書物が集まっていた場所なのです。ここは重要です。真田幸村《さなだゆきむら》（信繁《のぶしげ》）にしても徳川家康《とくがわいえやす》にしても小早川秀秋《ひであき》にしても、親元を離れて人質暮らし。明日の命も知れぬ状態ではありましたが、しかし本があった。最高の先生がいた。

半藤　そういう状態に置いておかれると、天才が育つのかもしれませんね。

磯田　相手とこちらの力関係をちゃんとわかっていて、なおかつ自分は強者ではないという境遇に育つことは、重要なのかもしれません。

半藤　そういう境遇が智力を育てる。智力というのはやっぱり子どものときにきちんと積み上げることが肝心です。武田信玄だってそうですよ。あれも寂しい前半生を送っているんです。親父の信虎《のぶとら》は嫡男の信玄よりも、弟の信繁を可愛がるようになり、信玄は遠ざけられる。むしろ嫌われたというべきか。信玄はもともと優秀な子だったようですが、父親に嫌われて、よりいっそう勉学に励んだ。長禅寺の禅僧岐秀元伯《ぎしゅうげんぱく》についてて『孫子』、『呉子』、『六韜』、『三略』などを勉強しており、とくに『孫子』など

は暗唱するほどだったとか。こうして、この時代、名を残した人を見ると、たいてい逆境で自分で智力を磨いてきている。

磯田　徳川家康も、駿府に人質にやられたことが不遇・不運として語られるけれど、岡崎で松平のお坊ちゃんのまま暮らしていたら、天下を取れてはいないと思います。家康は当初、人質として加藤順盛《のぶもり》の邸に幽閉されています。加藤は信長のおやじの家来だった人ですが、熱田神宮の近くに暮らしていました。そしてこの人質環境には本がいっぱいあった。その後、駿府の今川義元邸に移されると、そこには当時最高レベルの教養人ともいうべき五山の禅僧が大勢いた。

半藤　駿府では臨済寺の太原雪斎、これは今川の軍師でもありますが、ここの坊主どもに勉学を鍛えられます。しごかれたでしょうね。この寺には江戸時代に再建された「竹千代手習いの間」というのがあって見学できるそうですよ。家康は人質だから、こてんこてんにしごかれたのではないですか。

磯田　そりゃ頭脳が鍛えられますよね。

半藤　やっぱりみんな、じっくり勉強する機会を持っているのです。ところで、小早川隆景の跡取りの小早川秀秋。こちらは悪評を得て有名になりました。秀秋は関ケ原の合戦で東軍に寝返るか、西軍に義理立てするかで、あっち見たりこっち見たりしたあげく、やっぱり寝返ったというので評判が悪くなってしまいます。じつは秀秋は秀吉の正室の甥で、いったんは秀吉の養子・嫡男になるのですが、秀吉と淀君《よどぎみ》との間に秀頼《ひでより》ができたものだから、養子縁組みを解消され放り出される。それを、子どものいない小早川隆景に嫡男としてもらい受けられたという、じつにあわれな境遇。あまり勉強する機会がなかったのか。

磯田　家康の重臣だった本多正信《ほんだまさのぶ》もそうです。彼は三河一向一揆（永禄六〜七年／一五六三〜六四）で一揆の側に立って家康軍と戦って敗れたのち、諸国放浪していますからね。三河の人は怒るかもしれないけれど、三河にそのままいたのではたいした知恵者にはなれなかったでしょう（笑）。ですから、と言って続けていいのかわかりませんが、ずっと三河に育った石川数正《いしかわかずまさ》は、せいぜい八万石だか十万石の扶持を目の前にぶら下げられて、簡単に秀吉に転んでいます。家康の重臣でいちばんの知恵者といわれていた数正でさえ、そんな有様だったわけですね。やっぱりそんな程度では「本」がない、「真」「根本」と呼んでもいいですが、それがないと言わざるを得ない。

先にも言ったように、中世というのは都鄙の差が大きい社会でしたから、文化は点でしか存在しなかった。その点の場所、京とか寺とかにアクセスすることなくしては、名軍師にはなれないのですよ。放浪とか人質というのが、名軍師を生み出す母になったわけですね。

半藤　近世の軍師たちは、そうとう量の勉強をしていました。広沢虎造《ひろさわとらぞう》の浪花節、「清水次郎長伝　石松三十石船道中」の真ん中あたりにこんなひと節が出てくるんです。「恐れ多くも太閤秀吉公に、竹中半兵衛という人あり。徳川家康公に南光坊天海《なんこうぼうてんかい》あり」とね。「ぐっと下がるが紀州の人」と、紀伊国屋文左衛門《きのくにやぶんざえもん》までが出てくるけど、こんなのはどうでもいい。つまり言いたいのは、徳川家康という人でさえも、南光坊天海という坊主の知恵を用いていた、と。軍師の存在があったことが歌われているのです。

磯田　本多正信以前は、寺子屋のような通学による教育施設がないから、勉強しようと思ったら牛若丸のようにお寺に住み込むしかなかった。お寺で勉強するなんていうのはたいへんなエリート教育です。いっぽう徳川三代将軍家光《いえみつ》の小姓から駆け上がった松平信綱《まつだいらのぶつな》あたりから家庭教育の比重が大きくなる。双方比べて違いをわかりやすく言うならば、前者が、ラテン語が読める旧制高校の卒業生であるのに対して、後者は新制大学の卒業生。

半藤　要するに教養のレベルが違うということですね（笑）。

磯田　そういうことです。この国は宗教施設が時間と文字のエリートであり続けていました。時間と文字を支配することこそが「権力」の源泉であるわけです。寺には香時計というのが置いてあって、香木の消耗量で時間を計っていました。さらに文字を司っていた。寺社はそれらを下々に分けるという役割をしていた。その状態が中世。寺が鐘をつかなくても、人が文字も時も持っている状態が近代。そこが時代を区分するポイントですよね。

総大将の条件――難局が磨いた真田幸村の見識

半藤　家康の同時代人で、大局観を持っていた一人に数えてもいいと思うのは、真田幸村のお父さん、真田昌幸《まさゆき》です。この人は、どういう時代が来るかということをじっと見ていて、石田三成が家康に対抗して挙兵した際、長男坊の信幸《のぶゆき》（のちの信之）を徳川側の東軍に加わらせ、自分は次男坊の幸村とともに三成の西軍に加勢します。家康の三男、のちの二代将軍になる秀忠《ひでただ》が真田家の上田城に攻めてくる直前に、家族会議を開いて父子の分裂を決めました。東西軍の帰趨がどうあれ、真田一族のどちらかが生き延びる。一族の存続を図りました。真田幸村は人気のある軍師としてよく取り上げられるけれども、このお父さんのほうがはるかに立派ではないでしょうか。

磯田　東軍が勝ちましたので、真田家の長男信幸が生き残るわけですが、父親の真田昌幸はものすごく知恵を働かせましたね。

半藤　二股膏薬《ごうやく》といったら二股膏薬ですがね。信幸には徳川四天王の、本多忠勝《ただかつ》の娘を正室に迎え、幸村には豊臣秀吉の姉の子、秀次《ひでつぐ》の娘を側室に貰っていますよ。両方にちゃんと力を分散して、うまく立ち回っている。なかなかあの小さな山国、上田で家門を継続するのはたいへんだったことでしょう。苦労がうかがえます。それにしてもあんな山国で、よく徳川秀忠軍を迎え撃ったなと思います。天下分け目の関ケ原に向かう秀忠軍を押し止めたわけですから、作戦に長けていたのでしょうね。

磯田　山国だから知恵を磨いて抵抗しようという発想が生まれる。「寡でもって衆を敵する」という、小軍でもって大軍を破る知恵が出てくるのですね。

半藤　もともとよりそういう作戦しか立たないですよね。

磯田　真田の上田あたりの土地は、上杉と武田と北条の三すくみになる恐ろしい場所なのです。のちには武田が消えて家康にとって代わって、より恐ろしくなる。それで戦争の技術に磨きがかかったのでしょうね。そういう豪族です。

半藤　総大将というのは自分で勉強した人もいますが、どちらかというとそれは少数派で、多くは軍師・参謀に任せた。だからその分、軍師・参謀が勉強したわけですね。

磯田　大将というものは使える人物を知っていればいいのです。よしんば大局観がなくてもかまわない。**人事こそが大将の仕事です。**この人に任せて大丈夫かどうかをじっくり考えて、任せると決めた以上は任せる。簡単に取り替えてはいけません。けれど、どうしても取り替えないといけないときは英断をもって替える。命令は委任できるけれど、人事権だけは委任できないものなのです。

半藤　そこは重要なポイントですね。昔から「人事と金を握れば天下は取れる」と言いますからね。

磯田　話は少々脇道にそれますが、ぼくの先祖の、親戚筋にあたる丹羽次郎右衛門《たんばじろえもん》という人物の逸話をひとつ。島原の乱（寛永十四〜十五年／一六三七〜三八）のときの話です。乱の鎮圧に、藩でいちばんの猛者、次郎右衛門が派遣されることになった。この次郎右衛門、馬を二頭持っていた。一頭は競走ではまことに強い名馬で、もう一頭はずぶとい雌馬。戦場にどちらを連れていくかを迷っているところに戦上手の生駒《いこま》がやってきた。すると生駒がいわく、「戦場の馬、数日の駆け引きには、必ず心の丈夫なる馬を用ゆべし」。

つまり、平時の名馬はいくら足が速くても戦場では疲れて鉄砲の轟音でバテてしまう。だから心身ともに丈夫な馬にしろ、と生駒はアドバイスしたというわけです。次郎右衛門が丈夫な雌馬を引かせて参戦したところ、この馬は活躍し、次郎右衛門も怪我を負いこそすれ無事生還を果たしたという。どういう馬が戦場で役に立つのかということを老練な生駒は知っていたのです。

半藤　馬の目利きなんていうのは大事なところでしょうね。加えて戦場ではどういうことが起き得るのか、あらかじめ想定できているかどうか。そこが何より重要です。残念ながら、この国のリーダーというのは、寝技みたいなつまらんことにばかり老練になっているようなのが多い。みんな机の前で考えているからでしょうか。「少しは体力をつけてこいよ」と言いたいときがある。

豊臣秀吉は何が優れていたのか——軍の全権を委任された黒田官兵衛

磯田　秀吉のように農民出身で最下層からのし上がってきた武将の場合、たとえば軍団の進退などという高度な戦局判断はやったことがない。ですから彼はその技術や知恵の欠落を補うものとして軍師・参謀を使いました。黒田官兵衛が編制や現場の指揮官を任されたわけです。「いまは掛かるな」とか「いまこそ掛かれ」とかいった、軍団の進退のタイミングを見極める機微。それを官兵衛はまことによく承知していた。ある条件下において、敵がどういう攻め方をしてくるものかということもよくわかっている。**相手側の心理状態が読めるというのも官兵衛の、秀でた能力のひとつとして挙げることができます。**

半藤　秀吉には人を見る目がありました。そこですよ、唯一エラかったのは。人の懐にスッと入っていってしまう特技もあった。**司馬遼《しばりよう》太郎《たろう》さんの言葉を借りれば「人たらし」ですがね。**この野郎と思っていても、あいつを前にするとなんとなしにごまかされて帰ってきてしまう、と言った人がいる。やっぱり人心収攬《しゅうらん》はうまかったのではないですかね。

磯田　日本史上、人心を掴む術のたしかさにおいて秀吉に敵う者はいませんね。

半藤　黒田官兵衛というのは野心家で、もしかすると天下を狙っているような人間であると見越しながら、秀吉は黒田を上手に使った。これひとつ見ても、秀吉がたいそうな人たらしの能力者だとわかります。しかも秀吉は、官兵衛に対して決して警戒を緩めませんでしたからね。

もうひとつ、近代になって大将が忘れちゃいけないものが、さっきも言いましたが、お金です。

磯田　お金ですか。お金は持っている人を探して当てることはできませんか？

半藤　そうじゃなくて、予算と人事ね。予算を握っているということが大事なんですよ。

磯田　ああ、予算と人事ね。予算を握ると人事権も握りやすいのですよ。ご家庭の奥さんの強さを見ればよくわかるけど。

半藤　大将は予算と人事さえ握ればもういいんです。あとは人間を見ていればいい。こいつは無能だ、替えたほうがいいとかね。

磯田　それから大事なことは、危機的状況に陥ったとき、大将には脱出・逃亡の力がなければいけません。具体的には馬と水泳だけは修練しておかないといけないんです。人事権と乗馬と水泳。これこそ大将が絶対に忘れてはいけないものではないかな。

半藤　やっぱり体力は大事ですね。大将が先にへばってしまっていたら、どうしようもないもの。

「過酷状態」と総大将――彼らはそのときどうしたか

磯田　普通に三度の飯が食べられる状態で机を囲んで会議して、正しい判断ができる人は世の中にたくさんおります。ところが、大将が本領を発揮するときというのは、そんな平和なときばかりではありません。

戦場で片足の先が爆弾で飛んでしまって化膿が始まり、高熱で四十度くらいあると。さあ、そこで重大な意思決定を求められる、というような場合が稀にではありますが、起き得るわけですね。あるいはある食品会社の製品で食中毒被害が広がってたいへんな事態になり、その対応を指揮していて、もう三日も寝ていないなんていう状況だって起きる。

半藤　しばらく前に、報道陣から会見時間の延長を求められて「私は寝ていないんだよ！」と言って指弾を浴びた社長さんがおりましたね。

磯田　たとえ寝ていなくてもそれを言い訳にしてはダメですね。「疾風に勁草を知る」という言葉がありますが、危機のときこそ真価が問われる。そんなときにこそ、的確に指示や命令を出し続けられることが必要なのですよ。それができるかどうか。基本はやはり体力でしょうね。それで思うのですが、いちばん大将に向かなかったのが最後の将軍、徳川慶喜《よしのぶ》ではなかったか。
慶喜は鳥羽伏見の戦い（慶応四年／一八六八）という重要な局面でインフルエンザにかかってしまった。敵の進軍を止める命令を出し続けなければいけなかったのに、高熱の疲れのせいで「勝手にせいッ！」と叫んで放り出した。それで会津軍の進軍が始まってしまって、あの体たらくになるわけです。近代兵器を並べて待ちかまえている相手に、わざわざ身をさらすようなことをせず、大坂城で頑張り続けて相手方を引きつければ、フランス式の歩兵隊の火力で撃退できた可能性はあったと思います。

半藤　たしかに西軍を攻勢の終末点まで引きつけて反撃していたら、わからなかったですね。兵力は幕府側のほうが圧倒的に多かったわけですから。

磯田　フランス陸軍の教練を受けた歩兵の投入だとか、いくらでもやり方はあったのに、指揮を抛棄《ほうき》したために、みすみす敗北を喫する羽目に陥ってしまった。あの人は頭のいい人で、書き遺しているものを見ても、おそらく東大に入れた人だと思うんですよ（笑）。だけど指揮官だけには、なってもらっちゃ困る人でした。

半藤　徳川慶喜はどちらかというと、京大の秀才タイプじゃないですか、小さくまとまって（笑）。いずれにしても、大将は体力が大事です。体力と気力ですね。

磯田　たとえ病気になって寝ている状態であったとしても、正しい判断ができるかどうか。指揮を執り続けることができるかどうかです。かつて松下幸之助《まつしたこうのすけ》は、病床にあって起死回生の決断を行ったわけですからね。

半藤　それは有名な話ですね。若い読者のためにちょっと紹介しておきましょうか。昭和はじめの金融恐慌で日本は未曽有の大不況に陥った。当時の松下電器製作所とて例外ではなく、厳しい経営危機に曝されることになる。折から病気で臥《ふ》せっていた幸之助社長のもとに幹部がやってきて、従業員の大リストラを進言するんですね。このとき彼はひらめくんです。「決めた、社員は一人も減らさん。その代わり工場を半日操業にしよう」とね。そうなると、解雇も覚悟していた社員たちは意気に感じて俄然頑張って、ついに危機から脱することになるのです。

磯田　松下幸之助は横臥しながら指示だけを出した。これを奇貨として会社は業績をV字回復させて、会社の基礎を確かなものにしたのですからねえ。大将の体力とはつまり、病気にならないことではなくて、なったとしても的確な指示が出せる力のことですね。

半藤　「過酷状況」の最たるものが戦場です。松下幸之助の病床の英断から十三年ほど下った昭和十九年（一九四四）。敗色濃厚となったこの年の十月の、レイテ沖海戦の話をいたします。フィリピン奪還を目指して十万のマッカーサー軍がレイテ島に上陸。この米軍を撃滅しようと連合艦隊が総力をかけて戦ったのがこの戦いでした。出撃から戦場離脱まで六日間にわたって戦われた文字どおりの死闘でした。

磯田　史上最後の艦隊決戦ですね。

半藤　ええ、サイパン島がとられて本土空襲はもう目前です。連合艦隊はこの一戦に命運をかけた。驚くべき奇想の戦法を編み出したんです。水上艦艇の残りすべてを投入し、敵のレイテ島上陸部隊を乗せた輸送船団を撃破しようという作戦でした。超大型戦艦の「大和」と「武蔵」を中心とする第二艦隊をもって、レイテ湾のアメリカ輸送船団に殴り込みをかける。第二艦隊は栗田健男《くりたたけお》司令長官が率いていました。その際、ハルゼイ大将率いる機動部隊が邪魔なので、小沢治三郎《おざわじさぶろう》中将の第三艦隊（機動部隊）をオトリにしてレイテ湾からはるか遠くへおびき出そうというのです。ひとつの艦隊を犠牲にして殴り込み作戦の成功を期す。まさに普通の戦理には見ることのできない奇想の作戦でした。そしてハルゼイ艦隊が、このオトリ作戦にまんまと引っかかった。ところがそのとき栗田司令長官は、まさに敵輸送船団に砲撃せんとしている各艦に命じて、北方に反転してしまう。砲撃開始直前に、なぜか栗田艦隊はレイテ突入をやめてクルリと反転して戦場を去ってしまったのです。

磯田　いまなお〝謎の〟と称される反転ですね。

半藤　戦後になって栗田は、米国戦略爆撃調査団に問われてそのときの事情を説明しています。南西方面艦隊から届いた「北方に敵機動部隊あり」という一通の電報を信じて、これと雌雄を決するために反転したと述べているのですが、とてもじゃないが、これを額面どおり信じるわけにはいかないんです。その電報は発信者、受信者ともに不明。南西方面艦隊にもそんな電報を打った記録はないのですからね。

じつはその理由は簡単で、大将の栗田健男も参謀長の小柳富次《こやなぎとみじ》も、疲労困憊だったんです。その前日、彼らが乗っていた重巡洋艦「愛宕」が魚雷にやられて沈没。彼らは重油の海に投げ出されて泳いでいた。やっと駆逐艦に助けてもらうのですが、その駆逐艦がまた敵の攻撃を受けて中破した。オタオタしながらようやく戦艦「大和」に助けられた。一晩中逃げ回ってもうクタクタ。精神的にもそうとう参っていたはずですよ。栗田健男このとき五十五歳、小柳富次五十一歳ですがね。壮健なる男であっても、並のレベルの人間なら、その直後に決戦に立ち向かうのは難しかったのかもしれません。しかしね、司令長官が並のレベルじゃダメですよ。小柳は後年、「あのときは三日三晩寝ていなかった」と、どこかの社長のようなことを言っておりました。

磯田　いちばん追い込まれたときに重要な決断のときが来る、というのが戦場の常なのですけれど。

半藤　栗田健男は、それ以前のミッドウェイ海戦でも、彼の率いる重巡洋艦の戦隊は何とも闘志に欠ける動きをして、「逃げの栗田」なんて言われたりしている。ま、その人に殴り込み艦隊の指揮をとらせたのが間違いなんですよ。残念ながらリーダーの器ではなかったのです。

参謀にあっては困る能力――劉邦に殺された男

磯田　参謀に備わるべき能力の話ばかりして参りましたが、**あっては困る能力というのもいくつかあります。カリスマ性なんかありすぎたら困りますね。**その人物が大将になったほうがいい、ということにもなりかねません。そっちに人心が集まってしまう。それから自己顕示性が強い人も困りものなのです。味方の作戦を相手方に喋ってしまう恐れがある。また、自己顕示性が強く鼻っ柱が強すぎると、自分がいいと思った案を大将が容《い》れなかった場合に指揮官とケンカになってしまう。ですからあっさりしたタイプのほうがいいです。

半藤　それにカリスマ性がありすぎる場合、下手をすると途中で殺されてしまう危険性もあります。

磯田　たしかに。中国漢王朝の太祖、劉邦の側近で淮陰侯韓信《わいいんこうかんしん》という人がいますが、面白い男でカリスマ性もあったから、勝手なことをやりだすのではないかと疑われて、劉邦によって捕われ殺害されてしまいました。

半藤　殺されましたよね。劉邦の時代を見ていると、頭のいい人は「つぎはオレが殺《や》られる番だ」と見当をつけて、「もう年を取りましたので、私はこれにて勘弁してください」と隠遁してしまうのですよ。

磯田　軍師は、大将になろうと思って本気で権力奪取に向かうか、一歩後ろへ引いているか。どちらかを選ばないと、あとが悲惨です。近代中国だって革命第一世代に林《りん》彪《ぴょう》という天才軍師がいましたけれど、彼は飛行機の墜落事故で命を落としています。権力奪取に行こうとして敗れ、逃げようとして死んだ。

半藤　あれはやはり、撃墜されたのでしょう?

磯田　諸説ありますが、その可能性も否定できません。いずれにしても軍師は引き際について、よくよく考えないといけませんね。

半藤　最近でも隣の北朝鮮で起きたじゃないですか。金正恩《キムジョンウン》体制におけるナンバー2だった張成沢《チャンソンテク》とその一統の粛清が。あの人もまさに軍師でした。先代の金正日《キムジョンイル》に可愛がられその妹と結婚し、長いこと側近としては盤石の地位を誇った凄い軍師ですよ。ああ、それなのに、ということなんですな。

磯田　張成沢は、今回自分がやられたような粛清「深化組事件」を過去に指揮してきて、妬みのみならず、ずいぶん恨みも買っているわけです。帳成沢によって一万人は殺されたという報道もあるくらいですからね。トップが金正恩に代わって恨みの熾火《おきび》に火がついた。粛清に先立って、トップの先に立って歩こうとしたことを咎められたとも伝えられていますね。

半藤　いつか殺られると気づくべきでした。軍師が身を引かずに居続けるのは危険なことなのですよ、やっぱり。

磯田　中国でも似たような出来事がありましたね。

半藤　薄熙来《ポーシーライ》の失脚ですね。

磯田　彼も計略家でした。中国共産党の政治局委員にして重慶市の共産党委員会書記、要するに重慶のトップという地位にまでのぼりつめた人ですが、逮捕されて、収賄・横領・職権乱用などで無期懲役ですよ。

半藤　胡錦濤《フーチンタオ》前国家主席にパージされたと言われますが、ちょっとカリスマ性がありすぎたんじゃないですかね。背が高くて押し出しもいいし、若いしね。ともあれ、古今東西ナンバー2でいることはまことに難しいのです。そう考えてくると、黒田官兵衛は見事だったと、また官兵衛に戻ってくることになる（笑）。

第2章

治世の時代に生き残る秘訣は何か

ナンバー2は危うい——加賀藩前田家の生き残り策

半藤　ナンバー2であり続ける、その難しさをうまくしのいだのが官兵衛、ということの続きで言うと、しばらく後に登場する徳川の四天王、家康の側近として仕えた酒《さか》井《い》忠次《ただつぐ》、本多忠勝、榊原康政《さかきばらやすまさ》、井伊直政《いいなおまさ》たちが注目されますね。

磯田　要するにナンバー2というのは不安定な立場なんです。権限を持っていないのに、最大ライバルが上にいるのですから、いちばん危ない。このことは逆に言うと、ナンバー2を存在させない状態をつくり続けるのがうまいトップだと、政権が長くもつ。小泉《こいずみ》純一郎《じゅんいちろう》の長期政権を思い出してください。

半藤　はあ。たしかに彼がトップに立ったときには、盟友関係であったＹＫＫは、気がついたら小泉ひとり残して実質雲散霧消でしたね。もっとも小泉さんが何かはかりごとをしたわけではないでしょうけれど（笑）。

磯田　頼朝があれだけ幕府を続けられたのも、彼がナンバー2をつくらないということを凄く上手にやったからだと思う。義経をうまく処分しましたからね。大将にとっては、自分の地位にとって代わりそうな者をうまく消すことが重要なのです。ですから軍師は後年たいがい酷い目に遭っている。さすがの秀吉もそれにしくじって、ナンバー2としての家康を残してしまうわけですよ。五大老などといって大大名を相互に牽制させたつもりが、ナンバー2としての家康を残してしまう。

半藤　いっぽう徳川幕府のナンバー2、加賀藩前田家はそれがわかっているから、生き残るためにたいへんな工夫をしています。

磯田　ええ。加賀藩二代藩主前田利常《としつね》は、前田家の取締役会にあたる加賀藩家老職に、徳川将軍家の参謀である本多正信の次男、本多政重《まさしげ》の息子を連れてきた。そうすることで、あえて藩の内部情報を徳川方に筒抜けにしたわけですね。つまり「謀反《むほん》を企てたとしてもすぐに伝わりますよ」というように。言うまでもなく、加賀藩は百万石を誇り、江戸から遠く離れた雄藩です。警戒されているはずだと考えたのでしょう。こうしてガラス張り化することで、徳川に対する反乱の謀議など絶対にないという安心感を二代将軍徳川秀忠に与え、ひいては信頼を呼び寄せることに成功している。

半藤　それで加賀藩では能とか儀礼や工芸を盛んにしていく。これは「私たちは、この財力を全面的に文化の方面に遣っておりまして、軍備には遣っておりません」というアピールなんですよ。そのおかげで加賀は現代まで、豪華な焼き物や漆塗り、加賀友禅染め、美術工芸品、能楽の加賀宝生《ほうしょう》流、数え上げればきりがないほどの文化遺産が生き残っておりますな。それはもう、前田家というのは利口ですよ。それに比べて残念なのが越後の上杉景勝《かげかつ》の家臣、直江兼続《なおえかねつぐ》。これが軍師としてはちょっと落ちるんですよ。大局観が少し欠けていました。

「直江状」をめぐって——司馬遼太郎と藤沢周平はどう見たか

磯田　直江兼続は石田三成とともに、関ケ原合戦を引き起こした張本人。徳川家康を東西で挟み撃ちにする大陰謀を計画して敗れました。兼続は、何に関する見積もりで誤って失敗したのか、まずは、そのあたりから議論して参りましょう。

半藤　上杉家は秀吉に厚く遇され、越後九十一万石から出羽・会津百二十万石に加増されて移封されます。豊臣家を除けば、天下三番目の大名に抜擢されたということになる。「会津中納言」とも称されて、上杉家としては、もう秀吉さまさまでした。

磯田　秀吉が死んでしまうと家康が存在感を強める。そこで兼続は石田三成と図って家康を押さえ込もうとしますね。会津に大きな城を築き、さらには街道を広げてと大工事を始めたところ、家康が「何をしているのだ、釈明せよ。誓詞を出せ」と人を介して言ってくる。

半藤　詰問ですよね。兼続はそれに対して開き直っちゃったのです。返書として出したのがいわゆる「直江状」です。後世の人が褒めそやすから、みんなありがたがって読むけれども、あれは無謀な挑戦状ですよ。「何か文句あっか。なんなら戦うぜ」というのですからね。直江兼続を描く作家はみんなあれを「よく言った」と褒めて書きます。

磯田　エンターテイメントとしてはそういう物語を書かざるを得ないと思いますが、歴史家としての評価はまた別です。まず直江状は、写しはたくさんありますが現物は残っていません。ですから徳川方が自己正当化するための偽書ではないかという説もある。ぼくは新しい学説に従い、実在したのではないかと見ておりますが。

半藤　たしかに、実在していたんじゃないですか。それにしたって、あんな挑発的な手紙を出したら、家康は怒るに決まってんじゃねえかと、そう思いますけどね。では兼続は、家康を向こうにまわして本気でやる気があったのかどうか。

やるか否かに当たっては、主の上杉景勝がどのくらいの器を持った大将なのかということを、冷徹に見定めなければいけなかった。つまり、景勝は天下取りの人なのか、どうかを。ですから私に言わせりゃこうなる。「天下取りができないような大将を頭にいただいて、家康に大見得切って喧嘩を売る馬鹿がどこにあるかッ！」（笑）。でもそうは思わない人が多いんですよ。

磯田　果たして直江兼続が、豊臣家に義理立てして「直江状」を出すことになったのかというと、じつはそうでもないんです。

半藤　上杉家の永続を考えるなら、何もあそこで直江状を突き出して、「さあ来い、目にものをみせてやる」なんて、余計なことを言う必要はなかったですね。

磯田　想像するに、たとえ勝てないとしても、天下が三つや四つに分かれた割拠の状態になれば、上杉の本領である越後を回復できるのではないかと兼続は考えた。百二十万石とはいえ、肝心の越後をとられ、会津に庄内に佐渡などと、旧領地は分断されていた。越後奪還のために家康と一戦交えることになってもいいと思ったのではないでしょうか。「謙信公の時代には越後をすべて持っていたのに、いまは盆地に閉じ込められている」という無念が、心から去らない。だから越後にこだわった。彼のなかには「越後シオニズム」みたいなものがあったような気がしてなりません。

半藤　はあ、「越後シオニズム」とは巧いことを言う（笑）。越後人にはたしかにそれはある。そうなんですね。このまま乱を起こさなければ、会津に閉じ込められたままだという思いが、兼続を突き動かしたのかもしれませんね。兼続はそうすると、天下は徳川と豊臣と上杉の三つに分かれると考えましたかね。

磯田　さて、どうでしょう。三つに分かれると思ったかはともかく、豊臣の統一が解けて分かれる、くらいのことを考えていた可能性はあります。秀吉政権の最後のころはどんどん集権化を進めていたから、徳川、前田、宇喜多《うきた》、上杉、毛利、小早川の大老らの誰もが腹が立っていた面はあると思うんです。上杉は秀吉に、越後から会津に移封されておりましたからね。

ですから逆に言えば、秀吉が死んで、さあ、いよいよ家康の天下取りが勢いづいた、となったとき、上杉が豊臣家に命がけで忠義を示すなどということがあるわけはないのです。

半藤　義のために家康に刃向かったなんてことはないですな。

磯田　毛利とてそうですよ。石田三成が家康に敵対し始めたから、それに乗っかって家康に介入されず、西で力を持とうと考えただけです。戦国の世は誰もが「御家の生存永続」しか考えませんから。要するに「直江状」の背景にあったのは、秀吉に取り上げられた新潟の旧領を回復できたらいいな、という願望ではなかったかと思う。

半藤　たしかに情勢判断としては、もっぱら西方が優位だとの下馬評でした。優勢なほうに付いておくというのは、戦国の世の習いです。

磯田　彼らの胸中にあったのは、「川をちょっと飛び越えたらいまよりいい景色が広がるのではないか」というような希望的観測。ところがじっさいその川は、簡単に飛び越えられるような川ではなかったわけです。

半藤　直江状のあと家康が怒って諸侯に会津討伐（慶長五年／一六〇〇）を下知します。京の伏見城にいた家康は大坂城で軍備を整え、東に向かって進軍する。しかし小山で、石田三成の蜂起の報せを聞く。

磯田　家康がいないのを見計らって、滋賀の佐和山城に蟄居《ちっきょ》していたはずの三成が挙兵して伏見城に襲いかかる。家康は一週間おくれくらいで情報を得ているのですが、ここで上杉を討つのか、取って返して石田三成たちを討伐するか、これまたなかなか悩ましい判断でした。結局、伊達《だて》氏と出羽の最上《もがみ》氏に上杉会津軍を対峙させておいて、家康軍本隊は引き返します。ここで思案して、家康は取って返すほうを選んだわけですね。

半藤　この東西の挙兵を物語作家は、直江と三成の両方が相呼応してやったのである、と書きますね。「そんなことがあるもんか」と私は言うんです。でも、いまのところ衆寡敵せずです。そこであんまり癪《しゃく》だから、司馬遼太郎はどう書いているか、藤沢《ふじさわ》周平《しゅうへい》はどう書いているかというのを調べてみました。

司馬さんの『関ヶ原』（新潮文庫）という小説では、石田三成と上杉景勝、殿様自身が話し合っている。その場にはしっかり直江山城守が同席していました。藤沢周平さんの『密謀』（新潮文庫）では、石田三成の家臣で「治部少（三成）に過ぎたる」と言われたほどの軍師、島左近《しまさこん》と直江兼続が話し合っていますが、殿様同士は出てこない。そのように両巨頭は書いています。いずれにしても呼応しているという説をとっていました。こういう大先生の本をみなさん読んでいるから、みんなして私の説に反対するんだなとニラんでおりますが（笑）。

磯田　三成と呼応したとて、上杉に勝ち目などあるわけないですよ。東北にできた権力が、北上してきた軍勢に対抗するパターンというのは決まっておりまして、ひとつは福島県内に横一線の陣を張り、そこでいったん足止めさせといて冬を待つスタイル。もうひとつは、背後から忍び寄って攻めるという作戦をとる。たいていはそういう方法です。上杉が考え出した戦法なんていうのも、まあその程度でした。東北はもともと人口密度の低いところでしたから、薄い綾絹で防壁を張るようなもので、簡単に突き破られてしまう。

半藤　会津という国は守れないのですよ。北側は伊達から、西側は出羽の最上からも攻められるわけですからね。国もとを攻められながら、西軍の石田と呼応して家康軍を挟撃しようなんてどだい無理でしょう。天下分け目の戦線を広げるなんてどう考えても無理。

磯田　無理ですよね。だけどある種の人たちには夢があるみたいで、「やってみればなんとかできる」みたいな話をしたがるんです。そんなもの、奥州藤原氏《おうしゅうふじわら》のときから戊辰の会津攻めのときまでできなかった。

半藤　奥羽越列藩同盟、同盟まではできるのですがねえ。

磯田　そこまでです。ご指摘どおり無理です。それは「願望の現実化」です。

半藤　かくいう私も、ＤＮＡでいうといくらか越後人なんです。越後はおやじの故郷でしてね。昭和二十年（一九四五）三月十日の東京大空襲で焼け出されたあと、七月に長岡に疎開して長岡中学に通いましたから。正直言うと、やや複雑な思いでいまの話を聞きました。何とかうまくいかないか、とね（笑）。

越後国というところ――天下取りの人相ではなかった上杉景勝

磯田　越後はやっぱりいいところです。田んぼをつくったら広大な田園がワーッと大地を覆う。滔々《とうとう》と信濃川、阿賀野川が流れていて、支流や運河が張り巡らされているから舟運による物流が盛ん。船に乗れば日本海に出て、存外どこへでも行くことができる。

半藤　大坂、京の都はもちろん、山陰、下関から瀬戸内海にも航路がありましたからね。いっぽう会津は、山を越えていかないとどこにも行けません。

磯田　たしかに会津は山に閉じ込められた感がありますね。だからこそ秀吉は上杉を会津に閉じ込めたわけです、上杉の最強軍団を越後国においておくことは危ないと思って。いまと違って当時の交通は、日本海側の舟運が本線ですからね。越後は交通の便が良いのです。上杉は遠隔地に置いておくか、小さく分割するかで御したほうがよい。徳川幕府になると、美濃国とか越後国という広く豊かな国は小さく分割して、大権力ができないようにしていますね。

半藤　上杉謙信が統一する前の元の越後も、小さい集団があちこちにあるという土地柄でした。ところで、直江兼続にスポットを当てた藤沢周平さんの歴史小説『密謀』

を読んでいて、いいなと思った場面があるのです。小山評定の結果、徳川が栃木から石田三成討伐のために反転して京へ引き返しますよね。そのときに、断固として家康軍を追撃するべきだと直江兼続が殿様の上杉景勝に進言する。

小山評定は、本能寺の変を聞いて直ちに京へ向けて備中から引き返した秀吉のケースとおなじですが、あのとき秀吉と対峙していた毛利の小早川隆景は、秀吉を追撃すべしと猛る毛利の諸将を引き止めました。追うべきではないと。しかし小早川と違って直江兼続は、いまやれば勝てるから追い討ちをかけようと煽《あお》ります。片や引き止め、片や煽る。直江は、家康に加勢している福島正則《ふくしままさのり》なんかがこちら側に寝返るかもしれないから、いまからやりましょうと、強く主張するのです。すると上杉景勝が、オレはやらないと言う。直江は、それじゃダメだ、いまがチャンスなんだからやりましょうと、軍師としてさらに食い下がる。そしたら上杉景勝が、オレの顔を見ろと、これが天下を取れる顔かと（笑）。あれはいいなと思ったね。

磯田　巧くつくった場面ですよね。

半藤　ええ。あの場面は藤沢さん、さすが小説家だなと思いました。

磯田　上杉景勝は劣った人ではないけど、自分の奥さんさえ恐れているような臆病な人ですから。どう見たって英雄豪傑ではない。
半藤　カリスマ性なんてこれっぱかりもないからね（笑）。とうてい天下を取れる顔じゃない。人間、風貌姿勢とくに面構えは大事ですからね。
磯田　上杉景勝は慶長元年（一五九六）九月に起きた大地震に遭遇しているんです。
半藤　慶長伏見大地震のことですか？　加藤清正が真っ先に伏見城に参上して秀吉を救出したという逸話が残っていますね。
磯田　そうです。その伏見大地震。上杉景勝は伏見の邸で奥さんの菊姫《きくひめ》といっしょにいて地震に遭った。奥さんは武田信玄の娘でした。この夫婦は子をなさなかったのであまり仲が良くなかったという説もありますが、それはともかく。
　大揺れの最中にその奥さんが梁を支えて、「みんな逃げろッ！」と叫んだかどうかは知りませんが女中を一人残らず逃がした。その後、ひとり悠々と屋敷から出てきたというのです。そうとう勇ましい男勝りの女性だったらしい。果たしてそのとき景勝がどんな様子であったのかは定かではありませんけれど、彼はひどくこの奥さんを恐れたという。
半藤　菊姫さん、腕力はかなり強そうですね。

磯田　逸話はまだあります。あるとき夫婦二人で碁を打っていたら、非常に重たい碁盤の、脚一本を左手でヒョッと摑むと、彼女は軽々と持ち上げたというのです。それ以来、景勝は話もしなくなったと。

半藤　大名が使うのだから、おそらく五寸とか六寸とかの脚付きの分厚い碁盤でしょう。ありゃ、そうとう重たいよ（笑）。「女のくせに可愛げなさすぎだよ」と、愛想が尽きたのかね。

磯田　景勝という人にはそんな伝説があるんです。非力じゃない人ならそんな伝説はつくられませんよね。

半藤　「この顔が天下を取る顔か」とは、やっぱり藤沢周平さん、巧いこと描きました。いまの話を聞いてあらためて感心いたしました。

レーダーとなる「反実仮想力」——裏切りを見抜けなかった島左近

半藤　島左近清興《きよおき》というのがこの人の名ですが、石田三成が三顧の礼で迎えたというこの軍師はどうですか。

磯田　最近見つかった資料によりますと、税金を取るのでも、まことにこまごまと資料をつくっていることがわかりました。ですからやっぱり武一辺到の武将ではないなと思います。

半藤　むしろ経済官僚ですか。

磯田　実務能力や数理の才にも長けた人でした。でないと本来戦争には勝てませんけれど。この人はやっぱり参謀性が高かったように思います。

半藤　石田三成好みなのでしょうね、きっと。自分の禄高の半分を割いて与えてまで召し抱えたのでしょう？

磯田　**感心するのが、島左近たち石田三成軍の「反実仮想力」の高さです。将来予測というか、将来の「ｉｆ」を考えて、予測し対策を施す能力のことです。**この能力の高さというのは参謀が備えてしかるべきものです。レーダーとおなじですからね。

まずは起き得る事態を並べて思いつくということが重要で、思いついたとしたら、つぎにそうなったらどうするか、その対策案を出せること。さらにそれを実行できるかどうか。島左近がたいしたものだと感心するのは、関ケ原の合戦のときのことです。戦闘が始まったとき、石田三成軍の前には立派な防御柵が揃っていました。これをやりおおせたことが凄い。島左近は前の晩に大垣城から急行し、あそこに布陣して急遽つくらせてしまったのですからね。

あの堀と柵がどうして必要だったのかというと、三成は朝鮮の役のときに味方からかなり恨みを買っていたからなんです。まわりでは三成を殺す係を誰にするか相談していたという話があって、浅野長政のごときは、「ヤツを突き殺して内臓を焼き肉にして食ってやるッ」と言ったという説まである。そのぐらいの深い恨みを買っているから、東軍に従った諸将が石田陣に殺到することが、島にはわかっていた。

半藤 城を出るや、迷わず関ケ原に布陣したのですよね。

磯田 はい。作戦は三成のもとで立てていますから、あそこが戦場になるということを、おそらく島は想定したのでしょう。ひょっとすると島は関ケ原が戦場になることを先に知っていた可能性もある。あらかじめ人を差し向けて工事の準備をしていないと完成しませんからね。さらにはその場所に防護物をこしらえてしまえる知恵と腕が島にはあった。仮想力が非常に高いんです。予知力、予想力、それにあらかじめ対策を先にやっておく先回り性というべきか。

半藤 明治のはじめ、ドイツからやって来たお雇い軍人のメッケル少佐が関ケ原合戦図を見て、「これは西軍の勝ちだ」と言ったという有名な話がありますよね。軍団の配置というのはたしかに見事なんです。鶴翼《かくよく》の陣で西軍が東軍を囲んでいる。いまのお話のように、あの陣構えは何日も前からつくられていたわけではなく、あっという間につくっちゃった。あれを考えたのは誰だろうかと、私もかねて考えておったのですがね。つらつら考えてみるに、どうも毛利や島津《しまづ》のもとにああいうことができそうな軍師が見当たらない。やっぱり島左近でしたか。たしかに島は、そういう戦術眼というようなものに長けていた印象がありますよ。

磯田　ただ、残念ながら島左近は裏切りの見積もりに失敗してしまった。

半藤　おおむね裏切りは読めないものですよ（笑）。

磯田　いや、読めたはずです、お言葉ですが。あれは充分読めた。石田三成の書状を読むと、「毛利（小早川秀秋）はどうもおかしい」と書いてある。井戸もなく飲料水を調達できないような、関ケ原の松尾山に布陣しているのはおかしいと。疑心暗鬼の状態でした。その書状は、関ケ原合戦の、前日か前々日かに佐竹《さたけ》に書き送ったものですがね。

そればかりでなく、ほかにもおかしいと気づくべき場面がいくつかあった。まず最初に気づかなければいけなかったのが静岡最西端の白須賀の宿。浜名湖の沿岸まで家康軍が来たときに、家康の親類の、松平家忠《いえただ》の日記の中に「名島中納言の使いに会った」と書いてあるのです。筑前名島城の中納言、つまり小早川秀秋のことです。これは家康だけじゃなくて、家康軍のなかにいた者が、小早川秀秋サイドが家康側に交渉に来たのを知っていたことを示しています。

半藤　ほう、浜松で会っていたのですか。

磯田　石田方も上手に諜報を張っていれば、小早川と家康との接触が開始されていることをここで摑めたわけですよ。徳川軍のなかに一人か二人、スパイを送りこんでおけばおそらく簡単に摑めた。それに関ケ原では、先に松尾山に伊藤盛正《いとうもりまさ》が陣を張っているのに、小早川軍はそれを押しのけて布陣している。この段階で明らかに西軍側の陣地を奪っているわけですね。この二つの情報から、「小早川は敵対行動を取る」ということを確信しなければならなかったのです。

半藤　しかし、それを読めなかった。西軍の軍師は東軍の軍師より劣っていたということでしょうかね。

磯田　そう言って差し支えないでしょうね。徳川はちゃんと西軍のなかに、スパイやお使いを投入していて彼らはチョロチョロと動き回って情報収集や指示をしていました。それだって西軍の人びとに目撃されているはずです。

半藤　島左近も軍師としては力及ばず、でしたね。

磯田　果たしてどこまで手を打ったら、小早川秀秋が裏切ることなく西軍と同一の行動を取るか。島左近はその見積もりを誤ったのかな。それで取った行動というのがちょっと頭でっかちな作戦でした。小早川軍が関ケ原の南西の端、松尾山の上に陣を張っている。家康軍は東側の桃配山の北麓、三成軍は北西の笹尾山ですよね。家康がまっすぐ三成軍に向かうという情報を得たときに、たぶん島が考えたのは、小早川一万五千あまりが家康と合流して三成軍に向かってくるとまずい、ということだった。自分たちの兵力よりも家康・小早川合流軍のほうが大きくなるからです。そうならないように、小早川軍の前方に西軍の大谷刑部《おおたにぎょうぶ》（吉継《よしつぐ》）の軍を布陣して東軍を包囲する形にすれば、小早川は大谷軍を突破しないと家康軍と合流できない。そこまでの状況をつくれば、山から降りてこない、つまり裏切ることはできないだろうと。島左近は、その作戦に賭けたのかもしれません。しかしこれは、理屈が勝ちすぎでした。

半藤　なるほど、小早川を牽制するために大谷軍を前に置いた。この作戦構想は、これは仮説ですが、島左近ではなく、大谷刑部みずからが考えだしたんだと考えられませんかね。どうも西軍のほうは全体の総合的な戦術家が見当たらないのですよ。西軍の武将はそれぞれが勝手に作戦図を描いたようにも思えるのでね。

磯田　三成側の描いた絵は、「小早川軍は山から降りてこない」という前提で描かれたものだったのです。毛利というのは「毛利の高陣」といって、上に上がったらめったに降りてくるものじゃない。それは、備中高松城の水攻めだとか、あらゆる戦争の経験でみんな知っているわけですが、それで降りてこないと決めつけてしまったのですよ。

半藤　勝手知ったる毛利の戦法だと。

磯田　だけど、ちょっと違っているのは、先ほども話に出たとおり、毛利一党といっても小早川秀秋は秀吉の甥。秀吉の正室おねの兄、木下家定《きのしたいえさだ》の五男です。毛利元就の三男、小早川隆景の養子に入ったわけですから、家臣団も相当入れ替わっている。だからかつての毛利の戦法ではないかもしれないと、島左近は気がつかなければいけなかった。先に布陣していた西軍の伊藤盛正の軍を追い出して陣地を奪っている軍ですから、その下へ陣を張ったら、上から攻め降りてくる可能性があると、やっぱり考えるべきでした。

関ヶ原布陣図

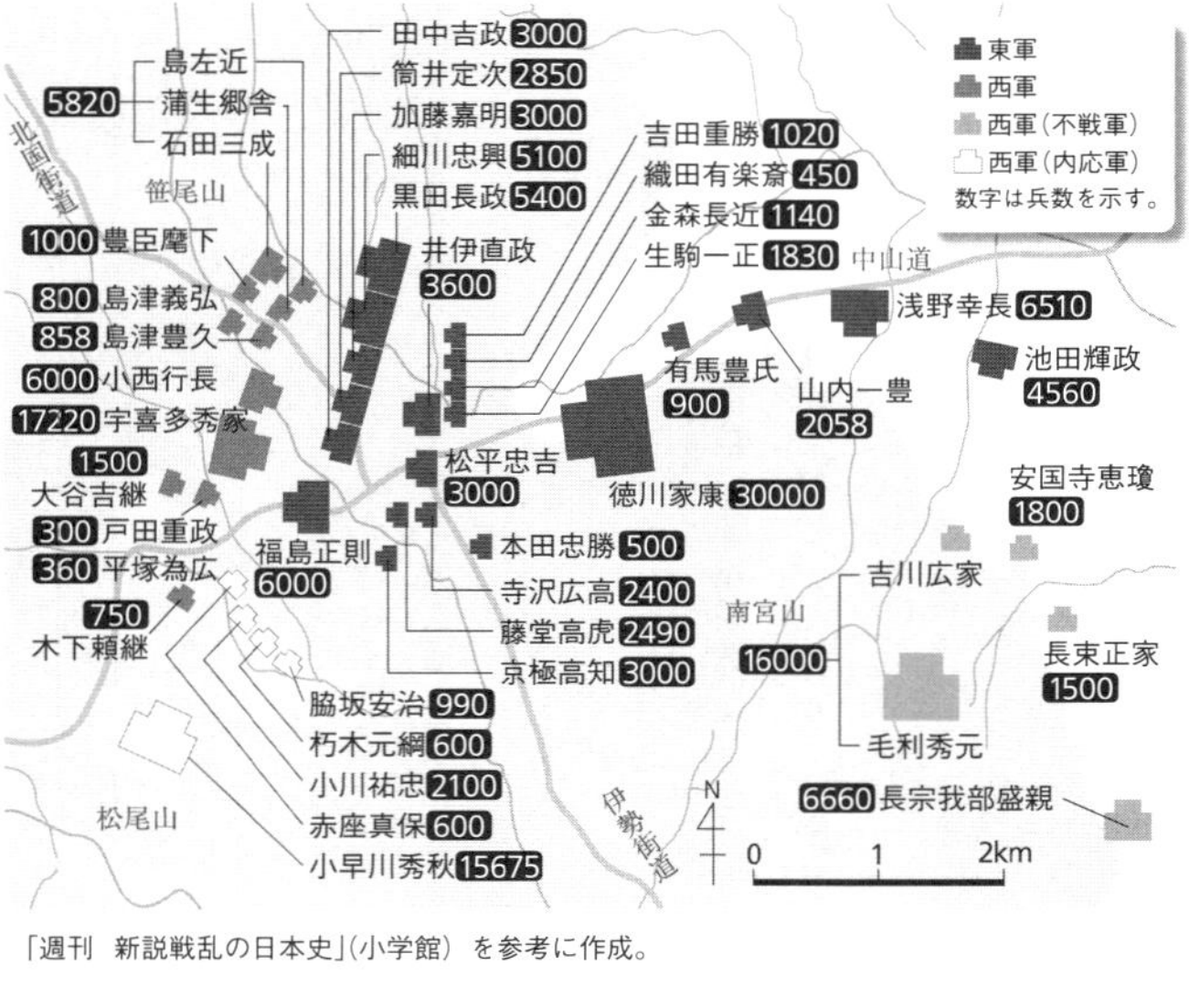

東軍
西軍
西軍（不戦軍）
西軍（内応軍）
数字は兵数を示す。
5820
島左近
蒲生郷舎
石田三成
田中吉政 3000
筒井定次 2850
加藤嘉明 3000
細川忠興 5100
黒田長政 5400
北国街道
笹尾山
1000 豊臣麾下
800 島津義弘
858 島津豊久
6000 小西行長
17220 宇喜多秀家
1500
大谷吉継
300 戸田重政
360 平塚為広
750
木下頼継
井伊直政
3600
吉田重勝 1020
織田有楽斎 450
金森長近 1140
生駒一正 1830
中山道
浅野幸長 6510
池田輝政
4560
有馬豊氏
900
山内一豊
2058
松平忠吉
3000
徳川家康 30000
安国寺恵瓊
1800
福島正則
6000
本田忠勝 500
寺沢広高 2400
藤堂高虎 2490
京極高知 3000
南宮山
吉川広家
16000
毛利秀元
長束正家
1500
脇坂安治 990
朽木元綱 600
小川祐忠 2100
赤座真保 600
小早川秀秋 15675
松尾山
伊勢街道
N
6660 長宗我部盛親
0
1
2km

「週刊　新説戦乱の日本史」（小学館）を参考に作成。

半藤　すでにかつての毛利ではなかったわけですね。しかも秀秋が屈折している人物であることもわかっていたのだから、豊臣方の西軍に隠れた恨みを持っているかもしれない、何をやるかわからないという仮想はあってもよかった。つまりそれが大局観です。

磯田　関ケ原に布陣する前、石田三成たちは大垣城を出たあと、家康陣の背後にいたのだから、直接に家康の本陣を夜討ちとかで攻め込むべきだったのです。わざわざ回り込んで、裏切るかもしれない小早川という危険物のそばに近づく必要はなかった。

半藤　家康本陣の裏手に陣を張っていた毛利本隊、毛利秀元《ひでもと》、吉川広家《ひろいえ》、安国寺恵瓊らは、はるか前方に見える松尾山にいる小早川秀秋の様子がおかしいので、結局、自発的に動かなかった。戦わずして、合戦終盤には敗走するだけ。西軍の戦力として機能しませんでしたね。何もしないで、結果だけを引き受けて、敗北軍になってしまった。関ケ原の合戦というのは、西軍から見るとホントわけがわからない戦でして、総大将も総参謀もいない戦いなんですな。まあ、だからこそ面白いのですがね。

関ケ原の合戦のあとに――直江兼続の戦後対応

磯田　石田三成は敗走して捕まり六条河原で斬首され、そして晒《さら》し首となりました。関ケ原で家康の東軍が勝利したことを聞いて上杉景勝は矛を収めさせる。上杉方も敗北を認めたわけです。さて、問題はこのあとです。上杉家は取り潰されて、大将以下切腹となるのが順当なところでしたがそうはならなかった。

半藤　軍師直江兼続も敗戦の責任をとって、腹を切って死んで詫びるところでありますが、そうはしなかった。

磯田　それよりも、上杉家を残すために働くほうをとったわけですね、直江は上手に立ち回りました。戦後対応に頑張ったと言っていい。

半藤　兼続は主君といっしょに上洛して、家康に謝罪しましたね。

磯田　毛利とおなじように三分の一に減封（所領と城や屋敷の一部を削減すること）されますが、主ともども命は救われます。

半藤　そうとうに工作したのではないかと思うのですが、なかなかこんなふうに、鮮やかにできる人はいませんよ。

磯田　それにしても、主君の上杉景勝の助命はともかく、そそのかした直江が無罪放免となったのはなぜか。これがぼくはかねて気になっていました。すると偶然、史料が出てきましてね。そこに直江が家康に殺されずにすんだその秘密が書かれていました。

半藤　ほう、それは凄い発見だ。

磯田　読んだときには鳥肌が立ちましたよ。そこにはこういうことが書かれておりました。

　徳川方では謝罪を受けた後、景勝はともかく、直江兼続だけは処刑しようという議論が起きる。ところが家康がかぶりをふる。そしてこう言ったそうです。

「毛利には宍戸、吉見などがいる。佐竹の家老には梅津・渋井がいる。島津には伊集院・野村・新納がいる。こいつらはみな、今度、治部少（石田三成）に頼まれ、自分の主人をすすめて逆心させた連中だ。直江一人を成敗すれば、やつらみな自分も殺されると覚悟して、それぞれ領国に立て籠もる。そうなったら大乱を招く。直江は助けておくのが得策だ」と。

半藤　いやはや、さすがは腹芸の家康だ。そう読みましたか。関ケ原に勝ったとはいえまだまだ徳川の権力は脆弱ですものねえ。

磯田　直江を殺せば関ケ原の残党が「つぎはオレの番か」と思ってしまう。その家老たちが「徳川の続くかぎり切腹させられる危険性がある」と思ってしまったら、主君をそそのかして第二次関ケ原を起こすに違いない、そう家康は見たわけです。

半藤　しかも大坂城にはまだ豊臣秀頼がいるから、豊臣恩顧の大名が呼応したら、政局が雪崩《なだれ》を打って動く可能性もある。

磯田　そう、家康としてはあっちでもこっちでも蜂起されちゃ困るわけですよ。そこで直江の命を救い、大名らに「あの直江でも助かるなら自分はまず大丈夫だ」と思わせた。みな胸をなでおろしたと思いますね。つまり家康は、領地と命を保障すれば大名は自分に従うと考えたというわけです。

半藤　ＧＨＱがそうであったように、戦勝者というものは、戦後行政を円滑に進めるためにはその種の特別なる処遇というものを、大胆にやるものなのですね、いまも昔も。

磯田　ええ、まさに。家康の参謀たちとて、自分の身を振り返ったときの恐ろしさがある。素直にこの家康の言に頷いたはずです。参謀同士のエゴイズムとでも言うべきか（笑）。それで直江も助かったのです。

半藤　現代社会でも似たようなことがあるのではないですか。会社に不祥事が起きたからといって、その担当役員だけをクビにするわけにはいかないとか。

磯田　たとえば社長を残して担当取締役に処分を下した場合、取締役たち全部が敵対してくるというようなことはあり得るでしょうね。

半藤　そりゃ充分にあり得ます。そうなったら会社のなかはメチャクチャですがね。

磯田　とりわけ官僚の処分なんかの場合に起こりそうです。トカゲのシッポ切りをヘタにやってしまうと、おなじクラスの官僚たちの反感を買って仕事がしにくくなるというようなことが。

徳川時代序幕の名参謀――家康の頭脳となった本多正信

半藤　戦争の時代が終わっていよいよ徳川幕府の時代が始まります。家康ふくめ徳川方は、自らは「徳川幕府」などと称してはおりませんで、「公儀」、「御公儀」と言っていました。朝廷から家康に与えられる肩書きが征夷大将軍。朝廷が行使する権力機構（＝官制）とは別に、この国全体を支配する機構を、家康以下の徳川家重臣たちがつくり上げていくことになります。この重職を担った徳川の臣下も軍師・参謀と言っていいでしょう。徳川治世を安泰にさせるために、いかにこの連中が補佐役として働いたか。代表的な軍師・参謀として、まずは本多正信がいます。

磯田　佐渡守・本多正信は、どちらかというと武闘派とは真逆。徳川四天王といわれた武将連中から「腰抜け佐渡」などと揶揄《やゆ》されていたほどです。戦場での活躍を期待されることはなかった人物です。

半藤　期待されていなかったどころか、ほとんどやったことがないのではないかな。「腰抜け佐渡」に象徴されるように、この人のことを悪く言う人も多く、嫌われ者だったような印象を私は持っていたのですが。

磯田　本多正信は、三河の一向一揆方について家康方と戦ったことのある、「帰り新参」なんです。然るに、のちに家康から絶大な信頼を得るものですからひどく嫉まれた。だけど渋いんです、やることが（笑）。その、本多正信の生家は鷹匠でした。鷹匠というのは広く野山を歩きますので、情報収集能力に長けていた。ですから耳目の係としても家康から重宝されたわけです。

半藤　たしかにこの人、情報収集の上ではたいへんな人物でした。明智光秀が謀反を起こして京の本能寺で信長を襲撃したときに、大坂・堺の町を遊覧していた家康は、急ぎ本国へ逃げ帰りますね。家康が無防備の小集団で堺にいることは明智に知られていますから、明智が襲ってくるかもしれないと予測がついた。それゆえ京を避け、光秀配下の刺客の襲撃に注意しながら、あの伊賀越えで一目散に岡崎へ戻ることになる。一刻も早く本拠地の岡崎に帰って、そこで態勢を整え、明智軍を討たなきゃいけない。そのための伊賀越えでした。非常に危険なルートなのですが、あえてリスクを背負っても、と決断した。あれを強く家康に主張したのは周辺の情報をよく知っていた本多正信だったのではないかと思うのです。

磯田　あのときは酒井忠次、本多忠勝、榊原康政、井伊直政の四天王も随行していましたから、みんなで知恵を出し合って決めたのかもしれませんがね。

半藤　判断はそうであったかもしれませんが、伊賀越えの手引きを主導したのはほかでもない本多正信だったのではないか。

磯田　たしかに辿ったルートには家康らを援護する人がいました。徳川は甲賀、伊賀のあたりに、あらかじめ情報を入れるために知り合いをつくっていました。その人脈が凄く生きた。家康がこのとき生きて逃げ延びることに成功した背景には、本多たち徳川家臣団のその功績があったことはまず間違いないです。

　こののち家康は、本多正信と二人で密談して政略を決めることが多かったようです。その現場を見た人がいたのでしょうね、まことに不思議な会話の様子が伝わっています。家康が自分のプランを示すと、本多正信がニコニコして頷く。そのときはたいていいい考えで、ふだん無口な家康が気をよくしてさらに喋る。ところが、正信が頷けないような案を家康が喋り始めると、正信がだんだんウツラウツラするというのです。無言になって、寝たフリまですると。そうなると家康はもう喋るのをやめて、「このプランは無理筋なんだな」と了解したというのです。

半藤　なるほど。「殿それは違いますぞ」なんて、ガンガンやったら角が立ちますからね。寝られてしまうと、さすがの家康もどうしようもない。だからこそ家康は独りよがりにならない戦略が立てられたのかもしれませんな。正信は、家康より四、五歳年上ですよね。

磯田　年長です。存外、家康の腹黒いと思われている策略なんかは本多正信・正純《まさずみ》父子が考えているような気がします。本多親子の「わざとのセクハラ事件」という本当かなという話がありまして。

半藤　わざとのセクハラ？　なんですかそりゃ。

磯田　大坂冬の陣のあと徳川方が、外堀の埋め立てと称して派手な破壊行為を始めたときに、大坂から、淀殿の側近女中が抗議にやってきた。「ひどいじゃないか、約束違反だ」と。まことに頭のいい女性でした。ですからこんな大事な交渉にも臨むのですがね。

この側近女中が一生懸命に、そして理路整然と主張する。しかし本多は知らん顔している。彼女は返答してもらわないと困るのでさらに言葉を重ねて言い募る。そしたらここが本多の悪辣なところ。女中に近づいて、尻に手をまわして抱きついた（笑）。

半藤　なんという所業を。

磯田　女中は「キャー、なんてバカなことをするのッ！」とかなんとか叫んで、たちまちその場を去っていったという。理屈で説得しようとする相手の気持ちを破壊して、談判をやめさせようとしたのでしょうね。女の人は生理的に嫌なことをされたとたん、きわめて不愉快になる傾向が強いことを利用した。つまり自分に嫌悪感さえ持たせてしまえば、もう彼女が長いこと論理的な話を続けることはできないとわかっていたのです。ホントに汚いでしょう。

半藤　ハ、ハハ……。凄い男だね。人間通だ。

磯田　男と女の性差というものをよくよくわかっていた。その証左はほかにもあります。本多正信が、意図して豊臣二代目秀頼を肥満化させる作戦をとったことは、まず間違いないですね。秀頼に会った外国人の記録にこういう記述があるのです。「豊臣秀頼はデブデブに肥満している」と。

大坂夏の陣の終盤、真田幸村たちが家康本陣に向かって最後の突撃をするときに、もし秀頼の旗本本軍を全部大坂城から出して、いっしょに家康の旗本にぶつける作戦に出たら、そうとうなところまで行けたはずなんです。そうならなかったのは、淀殿が口を挟んで籠城を主張したからだと言われていますよね。

なぜ淀殿が籠城を主張したか。息子秀頼が馬に乗って駆け回れるような体軀ではなかったから。その可能性は高いです。

半藤　落馬でもしたら、秀頼が生きて自分のもとに帰ってくる保障はないでしょうかからねえ。

磯田　だから淀殿は反対したのではないかとぼくは見ています。

半藤　京都の養源院に残っている秀頼の肖像画を見ても、たしかにふっくらしていますね。絵描きが実際よりだいぶ男前に描いたのでしょうけれど。

磯田　家康の孫である千姫《せんひめ》が、七歳で秀頼の正妻となったのはご存じのとおりです。では千姫を乳母とともに豊臣に送り込めば何ができるか。たちまち大奥と中枢の情報が我がほうへと筒抜けになりますね。あとは時間をかけて秀頼を女漬けにして、政治に目を向けさせないように仕向ける。おいしい食べ物をいっぱい食べさせて肥満させれば、秀頼は武人として役に立たなくなる。「正信がそれらを計画的に行ったのであろう」という記述が出てくる古文書もあります。いずれにしても正信は、男と女、人間の本性というものを知り尽くして、その弱みに付け込んで相手を潰すというようなことに、非常に長けていたのだと思います。

半藤　徳川家康の天下を安寧たらしめるために、徹底して豊臣を潰さなきゃならん、というのがこの人の信念ですから。そのためにあらゆる策略をやったということなのでしょうね。

磯田　じつは、家康が天下を取ったあと、豊臣家を残しておいてやってもいいのではないかという意見もあったんです。二代将軍徳川秀忠は自分の娘の千姫を豊臣秀頼に嫁がせているし、小田原城を貰った大久保忠世《おおくぼただよ》などはそれをはっきり主張していました。しかし家康と正信の考えは違っていた。あれを残しておいたら必ず徳川政権が短命になると考えた。ですから秀忠の代になって憂いが生じないうちに、徹底的にやってしまおうと方針を定めていたのです。どの大名を残すかといったようなことも、本多は家康と話し合っていたはずです。

半藤　あそこは潰そう、ここは残そう。なるほどそれもあってあちこちで悪口を言われるようになったのですね。先に述べた直江山城守兼続の助命も、差し詰めその一環か。

磯田　官兵衛長政の黒田家には恩があるから潰せない。福島正則は確信犯だから難癖をつけよう。こういったことを本多正信、松平信綱《のぶつな》の二代でやっていくのです。この時代になるといわゆる槍《やり》働きはあまりしなくなっていますけれど、若いころに戦場を駆け巡っていますから、信綱までは政治にリアリズムがあったと言えるでしょうね。

半藤　徳川家康のヘッドクオーターというと、多くの人は四天王を挙げますね。酒井忠次、本多忠勝、榊原康政、井伊直政。けれどこちらはチャンバラのほうの四天王。実際問題として徳川政権をつくり出した元締めは、やっぱり本多正信ですね。

磯田　そうだと思います。もし豊臣の息の根を止めなかったら、徳川は二百七十年も続かなかったでしょう。盤石にした要因のひとつは、**人間の本性に対する冷厳な洞察**

を正信が持っていたことによると思います。

半藤　こういう冷徹にして人間をよく知っている人が軍師になったら鬼に金棒ですよ。そして決して自分は偉くなろうとしない。

磯田　家康が禄を加増してやると言ったって、いらないと言うのですからね。

半藤　月給上げてやろうと言ったとき、嘘でも遠慮して見せる社員はかわいいものですよ、たぶん（笑）。

磯田　加増してもらったら、ほかから殺されるリスクが高まることを本多正信はよくわかっていたのです。

半藤　武勲がまったくないのだから、高禄を食《は》んだら妬まれますからね。武勲がなければ当然カリスマ性がない。これが大将の家康にとっては安心のもとだったのでしょう。

磯田　ところが息子の本多正純は愚か者でして、父正信に、「権ある者は禄すくなく」と、つまり将軍から領地の加増をすすめられても断れと、生き残りの秘伝を教えられていたのに、その教訓を守らなかった。父親の死後三年、父親の遺徳をいいことに、二代将軍秀忠から宇都宮城をあげると言われたらホイホイ貰ってしまった。ためにほかから嫉まれて敵をつくり、あげく将軍秀忠に配流され、父の遺産をパーにしてしまう。

半藤　それにしても本多正信、これだけ優秀な策士はそうは見つからない。もうひとつ、この人の功績を言っておきます。関東に政治の中心を持ってきて、江戸という町をつくり上げたのは関東総奉行としての本多正信です。野っ原と干潟だった土地に首都を設計した。その意味では建設的な能力も持っていたと言える。

磯田　どの国を相手とするのか、国はどこまで開けるのか。初期の外交関係も彼がデザインしています。本多正信がそれに着手して、松平信綱あたりまでで大方針というものが定まりました。

徳川発展初期の名参謀——敵方の腹を割いた松平信綱

半藤　松平信綱が活躍したのはもっぱら三代将軍、家光《いえみつ》の時代でした。もう家康は死んでいますから、大御所様の御威光だけでは世は治まらない。信綱は、徳川幕府の骨組みをしっかりとしたものにするための仕事に邁進することになります。

磯田　天草・島原の乱のときに、それを鎮圧したのが信綱でした。ご存じのとおり天草・島原の乱は、肥後天草と肥前島原で同時に起きた一揆です。

半藤　数年続いた飢饉にもかかわらず、強権的に重い年貢を取り立てたため、耐えかねた領民が武装蜂起した。その数三万七千人といわれていますから、これは一揆というよりも規模としては戦争に近い。多くがキリシタンであったことから、宗教的な迫害もその一因であったことがわかる。キリシタン大名の小西行長らの旧臣が土着していて、これを指導したともいわれます。

磯田　信綱が派遣される前に現地で鎮圧に当たっていたのは、御書院番頭という幕府の要職にあった板倉重昌《いたくらしげまさ》でした。九州の諸藩を束ねて討伐の指揮を執るのですが、板倉はなかなか事態を収束させることができない。この人がまた願望と現実の腑分けのできない人でして（笑）。信綱が派遣されてくると知ったとき、「ヤツに手柄を渡してなるものか」と焦ったのでしょう、敵の居城、原城を落とそうと決意して、大将自ら石垣をよじ登りまして、「ものども、突っ込めー！」とばかりに無謀な総攻撃をやったものだから、あっけなく戦死ですよ。つまり板倉重昌、「立て籠っているのはたかが農民だ」と甘く見ていた。当時の言葉で言う「俄攻め」、犠牲覚悟で城壁を乗り越えさせて攻め込めば、多勢のこちらのほうが強いと思ったのです。

半藤　板倉重昌は、「立て籠っているのは農民だからすぐ音を上げるのではないか」、「すぐ音を上げて白旗を振ってほしい」、「いやすぐ白旗を揚げるに決まっている」と、期待・願望を現実化してしまったのでしょうね。太平洋戦争開戦時の軍務課長佐藤賢了《さとうけんりょう》がおなじでした。「アメリカは女の強い国だから、女は戦争を嫌がるに違いない」、「だから男の出征を止めるであろう」、「いや、戦争はダメだと男どもを押さえるに決まっている」。だからアメリカは強くはないと。

磯田　しかし現実はそうでなかった。いっぽう信綱は現実主義者でした。着任するや手始めにやったことは何かというと、敵方の遺体を持ってこさせ、腹を割けと命じてなかの食物の状態を調べている。ぼくはそれが日記に残っているのを見まして、これこそが戦国を生き延びた徳川初期の有能な参謀のリアリズムだと思いました。どのくらいのものを食べているかを見て原城内の備蓄の状態を把握し、さらに城中に甲賀者を入れて、音を取った。つまり内部の事情を密かに聞いて来させた。ところがこれはあに図らんや。甲賀者は、「九州の訛りがわかりません」と言って帰って来ちゃう。「お前ら忍者は各国を歩いて、どんな方言でもわかるようになっているはずではないのかッ！」と、信綱が怒り狂ったそうですが。

半藤　それは恐れ入ったね（笑）。

磯田　ぼくがいちばん感心したのは、信綱が島原に乗り込む前に江戸でしていたことでした。キリスト教とは何かというものを自分は知らない、これではいけないと思ったのでしょう、江戸の牢獄に囚われていたハビアンという日本人宣教師の書物で取材していたようです。そのころ宣教師は、捕えられると逆さ吊りにされて、棄教を迫られ過酷な拷問に遭っています。でも彼らは根性がありました。殉教は尊いものだとされているからなかなかへこたれないんです。ところがハビアンはその経緯には諸説があるのですが、キリスト教を捨てて、土牢に抑留されていた。信綱はそのハビアンの著作から知識を得ようとした。それが信綱家に残っています。それを読むと、なんとノアの箱船の話まで信綱は知っていた可能性が高い。一揆を起こしたキリシタンたちがどんな世界観や死生観を持っているかを調査した上で戦に臨んでいる。これが戦場のリアリズム。実事求是がしっかりしていました。

半藤　なるほど、「事を実にして是を求む」ですね。これが肝どころですな。

磯田　相手がどんなものの考え方をするか、相手の脳内や心のなかまで見尽くして、知り尽くした上で立ち向かう。こういう姿勢の軍師・参謀たちが江戸の初期にいたからこそ徳川家康は天下を取れたし、長くもつ制度をつくれたのだと思います。

半藤　**そこは、いまの現役世代にも知ってもらいたいポイントですね。リアリズムの感覚を研ぎ澄ますことがいかに大事か。期待可能性に賭けるのではなく、常にリアリスティックに考え、正しい判断を下す。**

磯田　たとえば新聞や雑誌をそのまま信じて頼りにしているようでは、ビジネスマンとしてはダメですね。ぼくは不思議なんですよ。あれだけ大勢の政治家や経営者・財界人がブログやツイッターをやっているというのに、ジャーナリズムはどうしてもっとそれを精査しないのか。なぜ個人が情報発信しているその中身を深く分析しないのだろうかと。自らそういうことをやらぬまま、雑誌や新聞の二次情報やそれらが発する妙なスローガンを鵜呑みにしやすいのか。

半藤　現役の人たちは一次情報に当たる努力をしなくちゃダメだね。私など老骨は、もう情報のキャッチアップなどテンから諦めておりますが。

磯田　いやいや、そうおっしゃる半藤さんも、現役のときは凄かった。水爆の灰と放射能を浴びたマグロ漁船「第五福竜丸」の乗組員だった久保山愛吉《くぼやまあいきち》さん。帰ってきたばかりの久保山さんを、真っ先に焼津港に訪ねて話を聞いているなんて……。ちょっと真似ができません。

半藤　それはもう六十年も前の、私がまだ『文藝春秋』の記者だった、二十四歳のときのことですよ。昔話です。

徳川成熟期の参謀——リアリズムを失った新井白石

半藤　さて、江戸の時代も中期となって成熟期を迎えます。まずは新井白石《あらいはくせき》からいきましょうか。六代将軍家宣《いえのぶ》の時代の参謀ですが、どうです、好きですか。

磯田　好き嫌いで言うと、正直あまり好きなタイプではありません。

半藤　そうですか。私はこういう学究肌はそう嫌いじゃないけどね。新井白石は、国内政治だけをやった人のように思われているかもしれませんが、なかなかの海外情報通でしたね。朝鮮通信使の接遇を簡略化して経費節減に貢献しておりますし、キリスト教布教のために密航してきたイタリア人宣教師シドッチを江戸で取り調べて、その成果を『西洋紀聞《せいようきぶん》』と『采覧異言《さいらんいげん》』に書いて残しています。シドッチのことを頭ごなしに抑圧したりせず、むしろ敬意をもって話を聞いている。

磯田　しかし新井白石は、国を開くことはよくないことだと思っているのです。国を開いたら金銀が外に流れ出てしまう。その恐怖感にかられていました。
半藤　ええ。たしかにかなりの国粋主義者ではありましたね。なので白石は、長崎の貿易規模を縮小するいっぽうで、国内産業の増産を奨励していました。徳川幕藩体制中期というのは、こういうやり方でないともたなかったのかな、と私は思うのですが。
磯田　形を整えるということは必要だったとは思いますが……。
半藤　形を整えると言えば、白石はいろんな布告や法令を出しています。
磯田　ええ、有職故実《ゆうそく》（古来の先例にもとづいた公家や武家の法令・儀式・装束などのこと）を厳格に再定義してその徹底をやっている。武家諸法度の改定もしています。あと、朝廷との関係の整理を行ったりもしました。たとえば当時問題だった天皇の後嗣不足を解消するため、新たな宮家として閑院宮《かんいんのみや》家の創設に尽力している。
白石は元浪人の学者ですから、かなり無理をしています。自分を守ってくれる身分的権威がない。老中でも側用人でもありません。ただの侍講。偉い人に勉強を教えるという役職の人でした。だからというわけではありませんが、ぼくはどうも新井白石は視野が狭く、攻撃的なように思います。
半藤　磯田さん、白石にはずいぶんと点が辛い（笑）。でもまあ、学問に打ち込んだ人ではありましたよ。

磯田　この時代になると、リーダーたちが本当によく学問しておりましたからね。学問をしないリーダーを探すほうが難しいくらいです。老中も殿様然としていて、もはや実務に励むわけではない。老中会議も形式化していて、将軍はすべてを側用人に委ねるようになってきている。新井白石だとか、間部詮勝《まなべあきふさ》。将軍綱吉《つなよし》のときの、側用人柳沢吉保《やなぎさわよしやす》のように、将軍の側近が実質的に政治を牛耳る世の中に変貌していました。この時代、かつてのリアリズムはほとんど失われていたのです。

半藤　新井白石が徳川幕府の表舞台に登場するのは宝永六年（一七〇九）ですが、読者の理解を促すために、その前段について少々触れておきます。宝永の前の元禄といえば、五代将軍綱吉の時代。赤穂浪士の討ち入りだけでなく、「生類憐みの令」（一六八七～一七〇九）も有名です。何十回もこのお触れが出されたところを見ると、よほど行き渡らなかったのでしょうが、それはどうでもよろしい。この将軍様がたいへんな学問好きでした。湯島に孔子廟「聖堂」をつくり、さらに学問所を建設して、遊んでばかりいる乱暴者の旗本なんかに「おまえら儒学を勉強せいッ！」とやったわけですね。智で世の中を安定させようという姿勢は一貫していました。

磯田　ただ不幸なことに、討ち入りの翌年、元禄十六年（一七〇三）に元禄大地震が起き、その四年後の宝永四年（一七〇七）には宝永大地震が発生して、富士山大噴火を引き起こした。江戸・相模だけでなく、太平洋沿岸の東海道沿いから伊勢、紀州、四国、大分、宮崎までもが被災しているのです。この前後も地震が続き、元禄末から宝永にかけての五、六年は地震災害に悩まされ続けた。そのため財政赤字が深刻化。幕府は穴埋めのための改鋳を繰り返すことになる。「元禄改鋳」（一六九五）、いまでいうリフレーション政策の発動です。

貨幣改鋳を建議して推進したのが勘定奉行の荻原重秀《おぎわらしげひで》でした。この金融政策が成功だったか否か。これは辛くも成功したと言うべきでしょうね。通貨供給量を八五％も増やしたけれども、名目で一～三％ほどしか物価は上がらなかった。この時代、新田開発が進み人口も増えて、経済規模が急拡大しているのに通貨供給量が増えなかったので、デフレ・ギャップになっていたからです。

荻原は新井白石との対比で言いますと、たいして学のある人ではなかったのですが、経済の状況を正しく判断していた。経済のメカニズムをわかっている人でもありました。この荻原に鋭く対立したのが、新井白石なんです。綱吉没後、六代将軍家宣といっしょに幕府に上がってきていた新井白石は、荻原を必要以上に悪人にしたてて弾劾した。『折たく柴の記』では、もう悪口雑言です。

半藤　なるほど、荻原が後世も悪く言われるのはそのためですか。これまで放漫財政の元凶として語られてきましたが、近ごろではどうやら経済学者たちから再評価されているようですね。

磯田　ええ、そうなんです。ぼくは学生時代に新井白石が書いた荻原を糾弾する弾劾書の現物を見たことがあるのですが、その後の荻原の失脚と悲惨な最期を知っているからでしょうか、異様な殺気を感じて震えました。「荻原憎し」の感情が常軌を逸しているとでも言いますか、まさに異様。

半藤　綱吉の「生類憐みの令」は、しまいには犬虐待の密告者に褒美を出したりしたものだから、江戸の町はいっとき監視社会のような様相を呈した。まさに天下の悪法。人びとの幕府に対する不満憤懣《ふんまん》は圧搾されていたんですね。それが、綱吉が死んで解き放たれた。白石はそういう雰囲気に乗じて調子に乗ったのでしょうかね。

磯田　荻原を猛烈に批判しましたから、当然ながら白石は真逆の財政・通貨政策をとることになる。江戸幕府開闢《かいびゃく》から百年の時がたって経済規模が格段に大きくなっているのに、通貨供給量を減らしてしまうのです。経済は停滞に陥って、これが「白石デフレ」と言われています。長崎の貿易も縮小させたので、結果的に西洋の知識、情報、技術を取り入れる力も弱くなったと言わざるを得ません。大インテリの白石にしてこんな失敗をしてしまうというのが、政治の恐ろしさです。

徳川後期の受難――歴史の歯車を逆に回した鳥居耀蔵

半藤　さらに百三十年ほど下って十二代将軍家慶《いえよし》の時代、水野忠邦《みずのただくに》が実権をにぎって、天保の改革（一八四一～四三）を行いました。このとき目付や南町奉行として締め付け政策を断行し、のちには勘定奉行として権勢をほしいままにしたのが鳥居耀蔵《とりいようぞう》です。

天保年間は苛烈な時期でした。天候不順や災害による不作と財政危機、高まる外国からの圧力。難問がつぎつぎと襲いかかった。天保の大飢饉というのは、四年も連続して続いた。不作は全国的でしたが、東北のほうでは八年続いたという記録もあります。全国の人口が三千万に満たないくらいですから、餓死者が十万人規模で出るというのは異常ですね。享保年間から始められた幕府による人口調査を見ると、天保五年から十一年の比較でおよそ百十五万もの人口が減っています。それ以前を見ますと、天明の飢饉でガクンと減って文化文政年間でグッと盛り返し、天保でまた極端に減るという動き。幕府のかじ取りはたいへんでした。

磯田　水野忠邦に使われた鳥居耀蔵は、とにもかくにも緻密な人でした。じつはぼく、鳥居の日記にいま現在かなり助けられておりまして。というのも、江戸期の地震研究にあれほど役に立つものはないんです。ほかで「隕石が落ちて来た」という記録が見つかったときに、鳥居日記を引いて見るとちゃんとそれが載っている。ごく小さな地震でも必ず記録していますね。

半藤　なるほど、記録者としては価値があった。しかし同時代にあってはホントに嫌われましたよね。天保の改革ではそこまでやるか、というような厳しい市中の取り締まりを行った。オトリ捜査など、人を陥れるようなことをやったものだから、マムシと人びとから陰口を叩かれた。改革に批判的だった北町奉行の遠山景元《とおやまかげもと》、人気の遠山の金さんを閑職に追いやったりもしています。結局、鳥居が裏切って失脚させていた水野忠邦が返り咲きを果たすと、四国の丸亀に追放されることになる。

磯田　ええ、ついに公儀から「不正あり」と断罪されて全財産没収のうえ丸亀に流されるわけですね。しかし転んでも鳥居。追放された地でも日記を緻密に書き続けているのです。小さな目先の仕事をこなし処理をするという点では、あれほど有能な人はいません。

半藤　いまで言う「メモ魔」に近いのかしら。なんでも書き留めておかないと気が済まないという。そういえば、東條英機《とうじょうひでき》がまさにこのタイプでしたよ。

磯田　鳥居耀蔵は、寛政年間に昌平坂学問所を幕府直轄にした林述斎《はやしじゅっさい》の三男です。林述斎は、もとを辿れば美濃の岩村藩主松平家の息子で、七代目林大学頭に婿養子に入って八代目を継いでいる。耀蔵の父親は、このように存外血筋もよくて頭もいい。耀蔵にはそのプライドがあるものだから、いろいろとやるのだけれども、悲しいかなこの人には大局観がまったくないのです。これから国はどっちに行くのかということが見えていない。というよりも考えていない。ただしこの人、「徳川大事」はもう人一倍なんですよ。要するに徳川にしか視点がない。これは本モノの守旧派と言わざるを得ないですね。このあと「徳川大事」を捨て去った人物を徳川幕府のなかに見るには、勝安房守海舟《かつあわのかみかいしゅう》の登場を待たねばならないわけですが。

半藤　勝が出てくるまで、もう少しだからしばらく我慢しましょう（笑）。耀蔵は明治まで生きています。おっしゃるように徳川どっぷりだから、幕末を越えた印象を持たないのですが、明治七年まで生きた。しかも許されて江戸に帰ってきていますよ。

磯田　ぼくは新聞社の人に「一人だけ許せない悪人がいるとしたら誰か」と聞かれて、鳥居耀蔵ですと答えたことがある。なぜなら、鳥居は明らかに日本の歴史の歯車を逆に回したからなのです。ほかでもない「蛮社の獄」（一八三九）のことです。高野長英《たかのちょうえい》、渡辺崋山《わたなべかざん》といった、キラ星とも言うべき頭脳をことごとく露と消しました。もしこれがなかったらとぼくは悔やまれてなりません。なぜかというと、これは一八三〇年代の最後の年の出来事ですからね。弱肉強食の列強にアジアが襲われ始めているってことはもうわかっているんです。アヘン戦争が始まるのは一八四〇年ですよ。蘭学嫌いの耀蔵でも、昌平坂学問所には大量の外交情報が入ってきているから、当然承知していた。なのに彼は、幕府奉行所の、いまの仕事がとりあえず安泰であるようにという「局所最適」を考えていただけでした。

半藤　崋山らに先駆けることおよそ五十年。林子平《はやししへい》の『海国兵談』を見ると日本が海に囲まれているから安全なのではなく、むしろ危険だから備えをしろと言っています。「日本橋から中国、オランダまでは境なしの水路」という言い方に説得力がありますね。だから海防が大事で、沿岸に大砲が必要だ、砲術が必要と。これ自分で版木をつくって出版していますが、その執念に驚きます。そうそう、黒船四隻を率いてペリー提督が来たとき、ペリーは「小笠原はアメリカの領土とした」なんて、法外のことを言いだした話がある。幕府はびっくり仰天。上を下への大騒動になります。このとき、フランス語訳されていた『海国兵談』を見つけだした人がいて、その中に「小笠原は日本領」とはっきり書かれていた。ペリーにそれをつきつけたら、その後ペリーは何とも言わなくなった。実はペリーはその仏語本をすでに読んでいたというのですね。林子平は見事に日本を救ったのですよ。とにかくそのくらい『海国兵談』は傑作です。結局、この本は発禁ですが、この人の話など、もっとまともに聞くべきでした。

磯田　危ないことは知らせないほうがいい、いまのままで世の中があり続ければいい、というタイプの人がいるんですよ。新しいことをやるのは悪いこと、旧来から決まっていることこそいいことなのだという人が。

半藤　そういうのは現代の官僚組織、会社組織にも結構いますね。

磯田　とりわけ市場原理が働かない組織では、前例こそが正しいと、まるで取り憑かれたような人たちがいます。

半藤　コチコチの愛国者ほど国を害する者、ダメにする者はいない。これ、私の持論なんです。幕末に、徳川を守ることに固執した井伊直弼《なおすけ》なども、それがために阿部正弘《あべまさひろ》が敷いた幕末日本の進むべき道をねじ曲げただけでなく、将来の逸材である橋本左内《はしもとさない》や吉田松陰《よしだしょういん》を殺してしまった。

磯田　現代に目を移せば、会社で隣の課と敵対したり、大学で学科同士がケンカを始めたら、その組織はかなりまずい状態に陥っていると見るべきです。会議が予定調和の儀式になったら、もう末期の現象。

半藤　平和な時代になって、戦乱の経験も戦場の悲惨な経験もない人たちが治めるようになってくると、「穏便大事」、つまるところは「御身大事」になる。ところがそれは表立って言えないものだから「会社が大事」とか、「国が大事」、「幕府が大事」、それが近ごろのこの国の為政者となると、「公益」だの「公の秩序」なんて言うわけです。本当はちっぽけな保身なのです。

磯田　たしかに平時はそのように、自らをも騙しているところがあったりしますね。生きるか死ぬかとなったとき、戦場に放り込まれたとき、会社が潰れるかどうかというときになって初めて目が覚めることが多い。たいがいそのときは手遅れになっているのですが。

半藤　会社が潰れるかどうか。いよいよ危ないとなったら、自分の課が潰されようが人員を削られようが受け入れざるを得ない。だけど組織の存続には直接関わらないようなリストラの場合は憤懣が噴き出るものでして。参謀役の人がその恨みを引き受ける場合が多いんです。私は自慢じゃないけど、雑誌を三冊潰した男です（笑）。最後の編集長、というのを三回やりました。そのつど、まわりからはひどく気の毒がられましたがね。しかし私、わりあい平気だったのですよ。

磯田　参謀には鈍感力が必要かもしれない（笑）。

半藤　鈍感力！　あいつならば平気だろうということだったのか（笑）。

磯田　たいてい参謀は鋭敏な性向の人たちですから、そういう役を引き受けるのは大きなストレスになる。たいへんなんです。

半藤　たしかに私はボーッとしていました（笑）。ある日会社に行ったら編集部が騒然としている。何だって聞いたら「我らが雑誌、今月号で廃刊だそうです」と言う。慌てて編集局長に聞きに行ったら、シラッと「本当だよ。今朝の役員会で決まった」と言いやがったんだよね。「何を、編集長のオレをさしおいて、そんな大事なことを決めるなッ」ってガンガンやりましたけどね。でも、後の祭り。そんなこともありましたよ。編集部員はいいんです、すぐ別の部署に配属になるから。でも編集長は行くところがない。私ひとりが浪人となってしばらく無聊《ぶりよう》をかこった。「髀肉の嘆」とはこれかいな、と思った（笑）。

考えてみたら大将は、日ごろから軍師・参謀候補として鈍感力のありそうな人を見繕っておく必要があるかもしれませんな。窮地のストレスを「あいつなら引き受けられるかな」という目でね。

磯田　勝海舟は「世の中に無神経ほど強いものはない」と言っています。庭先のトンボを指さして、「ごらん、シッポを切っても平気で飛んで行くではないか」と。難局に当たるときには無神経さが大事だと説いていました。

第3章

天才軍師・名参謀は動乱期にあり

幕末に現れた奇跡の幕臣――黒田官兵衛を凌ぐ勝海舟という男

半藤　ようやく勝海舟まで辿り着きました。この国に、ついに前代未聞のプレッシャーがやってきた。幕末に至って、外からの圧力が高まり幕藩体制の根底を揺るがし始める。さっきの黒船四隻の出現です。そこで登場したのが勝海舟です。「ヨッ、待ってましたッ！」と声をかけたくなりますよ（笑）。隅田川の向こう側、本所（現・墨田区）生まれの勝という男はまことに不思議な人でして、よくも日本人としてこういう人物が出てきたなあと感心します。

磯田　顔も日本人っぽくないですしね。

半藤　そういえば、勝麟太郎《りんたろう》は咸臨丸でアメリカに行くまでは日本人だったが、アメリカから帰ってきた勝麟太郎はよその国の人間だったらしいなどと、ある小説家が、何かでもっともらしく書いておりました。

磯田　佐久間象山《さくましょうざん》とは親戚筋ですが、あの二人の顔は両方とも西洋人っぽいなあ。

半藤　でも勝の妹が象山の後妻になるだけだから、血はつながっていませんがね（笑）。

磯田　たしかに。さてさて、勝を語るに当たって、どこから入りましょうか。情報収集力も人脈もある。全身肝っ玉みたいな人でした。参謀にしちゃカリスマ性がありすぎますがね。

半藤　やっぱり大戦略家ですよ。そしてまたこの人は、じつに恐れというものを知らなかった。

磯田　黒田官兵衛がちょっと似たタイプです。つまり見えすぎる人。官兵衛は織田が天下を取ることに、不幸にも早くから気づいてしまったけれども、主君小寺政職《こでらまさもと》に裏切られ、小寺とともに信長に反抗した荒木村重《あらきむらしげ》の有岡城内に幽閉される。それでも官兵衛は敵中でたった一人、織田の世の中の到来を信じ待ち続けた。自分の見込みに対する揺るがない自信。それと同時に、「死ぬときはどうせ死ぬよ」というような、諦めと欲望のなさ。そういうものが名軍師や参謀をつくっているのではないかと、官兵衛を見ると思います。

半藤　つまらぬこだわりがないんです。

磯田　ええ。大局からすると見通しはこうだから、たぶんこうなる。死ぬことがあるかもしれないが、自分の考えと違うことをやって死ぬよりは、自分の考えに従って生きてから死ぬほうがまだマシだ。たぶんそういう感覚でしょうね。

半藤　きっとそんなところでしょう。しかし、勝の言葉を借用すれば、「まわりがすべて敵」という境遇で、「かえってそのほうがサバサバしていい」と。ふつうはなかなかそういう心境にはなれませんよ。

磯田　まわりが全部敵ならもう峻別する必要がない。敵と味方が混在しているよりもむしろそのほうがいい。そういう境地だったのでは？

半藤　そうですねえ。いっそ悩む必要がないというわけか。黒田官兵衛もたいしたものだが、私はそんな官兵衛より、さらに上をいくのが勝だと思っているのですよ。なぜなら、官兵衛には野心がチラチラ見えたけれど、勝にはそれがいっさいなかった。六十四歳で伯爵を受爵していますが、それとて総理の伊藤博文《いとうひろぶみ》がどうしても、と言うものだから渋々受けた。本心は、官位勲等なんかクソ食らえ、だったと思いますね。

磯田　勝は、こう言っては言葉は悪いが、博打打《ばくち》ちのような心持ちで生きたのではないか。まるで剣の刃の上を歩くように、生きるか死ぬかで渡っていく。そこに快感を覚えることができなければあんな生き方はできません。

半藤　それもある。けれど私が海舟に見出すのは、まさに大局観なんです。大局観がこれほどあった人はいないのではないですか。あの時代、あんなにも早く、徳川の天下は終わると見定めるだけでもたいへんなことでした。まだ終わっていないのですからね。でも勝は、外圧が来たことを契機に、幕藩体制はこれに対応できるものではないと判断した。確信だったと思う。では対応するためにはどうすればいいか、つぎにそれを考えた。そして情報をたくさん得たうえで、つぎの国のかたちはこうだと定めた。そんなことがまだ尊王だ、攘夷だとゴタゴタしているときにできた日本人はほかにいません。勝だけです。

磯田　かつて戦国時代の軍師・参謀が、火縄銃の登場によって賢くなったということがありましたが、勝海舟たちも新しい軍事技術に直面しました。それは何かというと、ひとつが海軍。艦船で軽々と移動する大量殺戮《さつりく》装置です。もうひとつは施条砲《しじょうほう》。これは銃身の内部に螺旋《らせん》状の筋目、溝が彫られている銃や大砲のことです。ライフル銃と呼ばれましたが、rifling つまり筋目が施されている銃という意味です。火縄銃は殺傷距離が一〇〇メートルから一五〇メートルだったのに対して、施条砲なら五〇〇メートル先の相手を倒すことができた。たとえ鎧を身に着けていても、火縄銃なら弾をはじき飛ばせるけれど、ライフル銃の弾は鎧ごと体のなかにめり込んできます。

半藤　鎧を着けて弾丸に当たった状態というのは、傷口のなかに鎧の破片を散らばせることですから、より殺傷力が増します。たいへんな技術革新だったわけですね。

磯田　鎧さえ着られない恐ろしい戦場になる段階に突入したときに、幕府は新たな軍事組織をつくり上げる必要に迫られた。もしそれができなければ、つまり海軍とライフル銃を持った歩兵軍団をつくらなければ、植民地にされてしまう。逆に、つくることに成功すれば植民地の宗主国になる可能性が広がる。そういう世界状況を幕末の日本人は見たわけですよね。それをいちばんはじめに気づいた人たち、高野長英ら蘭学者たちが鳥居耀蔵に殺されました。彼らが死んだあと、勝はそれを正確に認識して、海軍というものは二百八十近くもある藩がばらばらに運用したところで何ら意味がないと考えた。

半藤　そう、オールジャパンの海軍をつくって一体で運用しないとダメだという確信に至るのです。武力の指揮系統をひとつにしたら、結局、国家も統一されていかざるを得ないのだと。

磯田　騎馬武者が鎧を着けて先祖代々の旗印を立てて馳せ参じるような時代は遠く彼方に過ぎ去った。もう、陸上の兵力もフランス式歩兵のようなものにしなくてはならない。ところがそれをやると、徳川が三百年近く続けてきた身分制度社会が壊れてしまう。軍人であることが身分を保障し武家社会の根幹を形成していたわけですから、近代軍を本格的にこしらえるとなると特権階級としての武士は消えていかざるを得ないわけです。勝はそのことにも気づいている。しかしこれをやらなければならないと決意しているわけです。そんな勝が、その実現を目指している場所こそが、とりもなおさず幕府の総本山のなかだった。そこが幕臣勝海舟の不幸でした。けれど彼は、旧体制の圧力をはねのけて大改革をやり遂げてしまうわけですよ。

半藤　勝のエライところは数々あれど、そのひとつが、日本の国は「守れない国」なのだということを誰より先に見抜いたことなんです。

日本はものすごく海岸線が長い。国土面積ではアメリカの四％しかありませんが、海岸線総延長ではアメリカの二万キロメートル弱に対して日本はじつに三万キロメートル超。列島の北から南までこの海岸線の長い国を守ろうとしたって、どこからでも敵の黒船はやってくる。しかも列島の真ん中に急峻な山脈がまるで背骨のようにダーッと通っていて平野がおおむね狭い。逃げられないんですよ、奥には。この島国を守るのはたいへんなことでして、点在する都市を守るために、どのくらいの陸軍の兵隊を配置しなければならないのかという難問が生まれた。だからこそ勝は、日本の国を外国の勢力、軍艦から守るためには海軍しかないと確信するに至ったのだと思います。

磯田　勝のその大局観は、智力によってもたらされたものでしょうね。

半藤　その大局観を持つことができたから、さまざまな難問に立ち向かう気力が醸成されたのだとも思いますね。いま「智力」とひとまとめにおっしゃいましたが、情報収集能力があって、運の強さがあって、何より度胸がありました。人心掌握術にも長けていて、坂本龍馬《さかもとりょうま》をはじめとしてじつに多くの人が勝を慕った。大久保一翁《おおくぼいちおう》のときは、「ぜひにも」と老中阿部正弘に勝の登用を推挙していますしね。

磯田　勝には、「どうしてそんなにわかってしまうのですか？」と問いたいくらい、これとこれを結びつけたらこうなるという洞察力がある。看破力って言うのですかね、見抜く力。

たとえば勝は、「おれは今までに天下で恐ろしいものを二人見た。それは横井小楠と西郷南洲だ」と言っている（『氷川清話』）。横井小楠《よこいしょうなん》の思想を西郷隆盛《さいごうたかもり》が実践したら最早それまでだと。ご存じのように、横井小楠は世界情勢を的確に捉え、二院制議会や陸海軍局の設置など新国家のデザインを描いていた開明的思想家。なにしろ日本中の武士たちが攘夷を叫んで刀を振り回しているときに、スエズ運河の経済効果を説いていた人物ですからね。

半藤　あまりに開明すぎたから、「あの男がいると日本は耶蘇教に侵される」と誤解されて早々に暗殺されてしまいましたよ。

磯田　坂本龍馬の思想は、勝と横井小楠の受け売りですからね。いっぽう西郷隆盛は、これまたご存じのとおり剛腕のカリスマです。勝のこの言は要するに、企画プログラミングの装置と暴力装置とが合体したら無敵の存在になってしまい、もはや敵わないということでしょう。勝は日本国中を見回して、最高水準の人材が、どういう強みを持ってどこにいるのか承知していたのです。

査定力を磨く方法——過去の発言を精査せよ

磯田　**我われは、しばしば誰がキーマンなのか見抜けないで失敗することがあるけれど、すぐれた軍師には正しい査定力がある。**一般的な日本人に、いちばん欠けているのは、じつはこの査定力じゃないですか。

半藤　たしかに、いったんラベルが貼られたら中身はそのラベルのまんまってことが多いです。我が出版界でも何かがベストセラーになったりすると、ずっとおなじテーマの依頼ばかりをする。「ナントカ力」という本が売れると、何でもかんでも「力」をつける。他人の真似をして、二匹目どころか三匹も四匹も柳の下にドジョウを追いかけたりしておりますよ。

磯田　何かで売れた人のところにばかりおなじテーマの依頼が行くのはある種の自信のなさを示しているように思う。**ほかでもない勝海舟が、「人材などは騒がなくっても、眼玉一つでどこにでも居るよ」と言っています。**人材はいないのではない、見出す能力がないということだと。

半藤　査定力はたしかに重要だけれど、さて、どうやったらそれを鍛えることができるのか。私は、ひとつにはラベルを信じないことではないかと。

磯田　それは有効でしょうね。ぼくが人間を選ぶときにやっているのは、過去の発言なり書き物に遡るという方法なんです。たとえばＩＴバブル最盛期のときの、経営者たちの発言をぜんぶ集めてみる。その見通しの当たり方、はずれ具合を見ると、かなり確度高くその人物のポテンシャルが測れます。

半藤　おや、おっかないねえ（笑）。

磯田　過去に遡って、空気に流されずに正鵠を射たことを、しかも少数意見として言っていたらそうとうポイントが高いですね。戦前だと、昭和八年の時点で空襲による惨状と敗北を予測していた桐生悠々《きりゅうゆうゆう》だとか、初代京大学長で漱石《そうせき》の生涯の友であった狩野亨吉《かのうこうきち》。狩野は日米開戦（昭和十六年／一九四一）の報を聞いて「神がかりや曲学阿世《あせい》の徒が国家を滅ぼすことになった」と嘆き、「二年もすればアメリカの空襲で焼け野原になる」と言い当てています。大正十三年（一九二四）に『新国防方針の解剖』では、日米が戦争をしたら日本の敗北と断言して、平和主義を説いた水野広徳《みずのひろのり》。このあと語ることになる明治の海軍軍人秋山真之《あきやまさねゆき》もポイントが高い。この作業を現代の政治家や言論人に対してひとつずつフィルターをかけていって正答率の高い人間を探す。この方法、おすすめです。

半藤　磯田さん直伝、査定力比較法を教わったところで再び勝海舟に戻りましょう。あの能力と資質がどうして育まれたのか、その要因を探っていくと、変な話ですが、育ちがあまり良くなかったという点が挙げられるのではないか。

さっきも言いましたが、生まれは両国橋をわたったあたりの本所。出自についてはこのあとくわしく喋りますが、小さいころから近所でも評判の元気者だったようです。奥勤めをしていた女性に連れられて本丸のお庭を見学に行ったときに見込まれ、十一代将軍家斉《いえなり》の孫、初之丞《はつのじょう》五歳の遊び相手に上がることになります。このとき勝麟太郎くん七歳。将軍の孫の相手ができると値踏みされたということは、何か光るものがあったということでしょうね。初之丞は元服後、十四歳で夭折してしまうのですがね。いずれにしても、二年間、お城の奥に暮らしていて、初之丞と遊んだり、あるいは剣術なんかもやったでしょう。いちばんエライ人の孫ですから、ふつうなら臆してしまうところですが、取っ組み合いなんかもやったようで、「お女中にお灸をすえられたことがある」と海舟の父親が回想記に残しています。幼いときにこういうことをやっていれば度胸もつきますよ。そのいっぽうで、市井の人びとと山ほど付き合っていた。上から下まで、人間っていうのはどういうものかをよく見ていたのでしょう。自分流の洞察眼を身につけたのだと思う。

磯田　若いときに縁側の端っこや舞台の暗い袖に座らされていた人のほうが、軍師・参謀には向いていますね。天才ナポレオンも、フランス人ではなくてコルシカ人。主流にいない人ほど事の本質が見える場合があります。

半藤　黒田官兵衛はじめ、戦国時代は将も軍師も人質にとられていたという人が多い。江戸でも不遇の出自から身を起こした人がいい仕事をしていますね。新井白石も浪人の子でしたし、松平定信は八代将軍吉宗の次男、田安宗武《たむらむねたけ》の子でしたから、将軍職を継いでもおかしくない良家の出でしたが、いまの福島の、白河という最悪の貧乏藩に養子にやられて育つ。ご存じのとおり定信は、長じて十一代将軍家斉の補佐役、老中首座として寛政の改革を主導することになる。

勝海舟が貰ったDNA——おのれの才でのし上がった曽祖父

磯田　さて勝海舟の家はどうかというと、決して由緒ただしき旗本ではありません。視覚障害者であった曽祖父が財を成して、御家人の株を買ってようやくたてた家でした。幕臣とはいえ金で手に入れた地位でしたから、勝には徳川幕府に対する思い入れやこだわりが三河譜代の幕臣ほどはないわけです。小栗上野介《おぐりこうずけのすけ》のようなお坊ちゃんは、あれだけ開明な人でも、やっぱり三河譜代のプライドとこだわりがむくむくと沸き上がってしまう。勝が徳川を残すために恭順しようとしているのに、薩長らの官軍に小栗は徹底抗戦を主張しましたよね。その背景には出自の違いが明らかにあったと思います。

半藤　勝海舟の曽祖父、銀一《ぎんいち》さんは越後の人でした。私の父の生まれ在所の隣の隣のもうひとつ隣の村なのです（笑）。盲人でしたが、米山検校《よねやまけんぎょう》、のちに男谷《おだに》検校を名乗って江戸に出て、鍼治療や金融で財産をつくり、鍼灸の盲学校を始めています。さらに息子を水戸徳川家に出仕させていますし、もうひとりの息子、海舟のおじいさんである男谷平蔵《へいぞう》を幕臣にした。この平蔵さんが勘定組頭にまでなって、自分より下役ですが、勝甚三郎《じんざぶろう》という人のところに入り婿のかたちで倅の小吉《こきち》さんを養子に出します。そこで生まれたのが勝麟太郎、海舟というわけです。先祖が越後で、生まれが墨田区、ゆえに私がえらく親近感を持つわけで（笑）。

磯田　当時、金貸しは蔑まれておりましたが、目の見えない人は金貸しで儲けることが許されていた。男谷検校は金融業で大成功するのです。あの時代、目の見えない人はたくさんいたわけですけど……。

半藤　とくに昔の越後に多かったのです。越後は冬、雪に閉じ込められてしまいます。家のなかでぼんぼん火を燃やすから、ともかく煙で空気が汚れましてね。越後の人は子どものときから目をやられてしまうことが多いのですよ。そういうハンディのある人たちは、ある程度自由に稼ぐのが許されていました。越後瞽女《ごぜ》で有名ですが。

磯田　頭脳の優れた者は、視覚障害者となっても耳から入ってくる情報を分析して、誰に貸すのがいちばん安全かを考えて金貸しという商いをやっていた。確実に回収して、またそれを回して、を繰り返す。そんなふうに金融業の王道を進めていくと、稀に巨万の富を築いた人もいたのです。その一人が男谷検校。勝の曽《ひい》じいさんの男谷検校は、大名の収入くらいは軽く稼いでいたらしいです。

半藤　いやはや、才覚の人でしたね。自らつくった鍼灸の盲学校をもっと大きくするために、「金は自分が出すので生徒の希望者を越後から送ってください」と、郷里高田藩の殿様の、榊原にお願い書を提出しています。交渉力にも長けていました。金と交渉力で御家人株だって難なく買えた。

磯田　海舟が尋常ならざる分析力の持ち主であったということは、曽祖父が盲人にして金貸しで財を成した校長先生というあたりで、DNAにそれが刻まれている。たとえは悪いのですが、走る馬の血統につながる馬は、やっぱり走るんです、間違いなく。そのへんにいる人を連れて来て、勝がやったことをやってみろと言ったって、やれはしませんよ。

半藤　そう言っちゃあ、身も蓋もないじゃないのよ（笑）。

磯田　すみません（笑）。ですから勝にはなれないが、勝のコンピテンシー、行動特性に似た行動パターンをとれば、ぼくら凡人でもかなりやれる、ということをご同輩にアドバイスしていると思っていただけるといいですね、ここは（笑）。

半藤　冗談はともかく。この人なかりせば、と考えると私は恐ろしくなる。もし勝海舟がいなかったら近代日本はおかしくなっていたでしょう。英仏という列強の代理戦争ともいうべき内戦が長引いて、分裂国家になった可能性がある。外国の支配を受けることになったかもしれず、明治維新などと言っていられなかったかもしれない。

磯田　勝は内乱が拡大したときに、この国の未来に及ぼす損失がどれほどのものか、きっとイメージできていたのだと思います。

半藤　勝は、「我が藩大事」とばかりに頭にカーッと血がのぼっている連中をこう言ってなだめた。「はやく海軍をつくらなくちゃいかん、国を統一しなくちゃダメなんだ。こんな大事なときに薩摩がどうの、長州がどうのと言っている場合じゃねえよ」と。何か言うとたちまち腰のモノを抜いちゃうような者ばかりでしたから、そんなことを口にしていたら命がいくつあっても足りない。

磯田　勝海舟の話を聞いて蒙を啓《ひら》かれたその一人に、みなさんが大好きな坂本龍馬もいました。

半藤　ええ、龍馬は勝を殺しに行ったのに、逆に説得されて弟子になった。思い返せばいちばんの危機はあのとき。先ほど磯田さんもチラと触れたが、徳川慶喜が鳥羽伏見の戦いの敗走を見て大坂から江戸へ逃げ帰ったときのことです。慶喜は官軍への恭順の意思を見せるわけですが、江戸の幕府首脳は主戦論が強い。しかし慶喜は「頼れるのはそなただけ」と勝に薩長軍側との交渉を委ねます。陸軍総裁に任じられた勝さんは、なんとしても小栗上野介勘定奉行兼陸軍奉行などの主戦論・徹底抗戦派を押さえ込む役を果たさないといけない。停戦と江戸開城を、よくもまあ説き伏せましたよ。

磯田　江戸にいて鳥羽伏見の戦いに関与しなかったことが、幸運にも勝さんのその後の活躍につながりました。

半藤　薩長軍が江戸に迫ってきたとき、江戸では旗本はじめ各階層の武家が諸隊をつくって戦争準備をしています。どうしても薩長側が旧幕府側を武力討伐するというなら、堂々と受けて立って戦おうではないかと。それがサムライの生き方だと、みんな教えられてきていますからね。鳥羽伏見の緒戦で敗走してきた幕府側の連中も、今度は江戸で戦うと言って張り切っています。

徹底抗戦派の幕臣大鳥圭介《おおとりけいすけ》は、伝習隊を率いて官軍の江戸入府を阻止しようとしていました。伝習隊とは幕府の陸軍精鋭部隊。フランス軍事顧問団に指導され、当時としては統制を誇っていた部隊です。勝さんがそれを知って大島圭介を訪ねたときのエピソードがある。

「大島さん、あんた訓練したからといって西軍のでっかい最新式大砲に勝てると思っているの？　いざとなったらどうするつもりなんだい」と勝が尋ねる。「火をつけても何でもいいから江戸の町中で戦う」という大島に対して、勝はこう切り返した。「モスクワで街を全部焼いてナポレオン軍の攻撃を抑えたという話があるが、江戸の町民を焼き殺してでも、おなじことをやって抗戦するのかね」と。モスクワを焼いたのはロシア軍の将軍だけど、この人はロシア人ではなくスコットランド人でした。だからこそモスクワを焼くことができたのだと。大島さん、あんたにそれができるのか、と問うたわけです。結局、大島は伝習隊を率いて江戸を離れることになる。とにかく勝は軍隊らしいものを、命令ですべて江戸の外へと出してしまう。新撰組なんかも甲府へ出した。カラッポにして、さあいらっしゃいと西軍を待ち受けた。

じつはこの話には裏があって、勝さん自身が極秘の作戦を考えていたのです。停戦交渉ならず、いざとなったときには薩長軍を江戸市中に引き入れ、江戸の親分衆や町火消したちに号令していっせいに火をつけ官軍を火のなかに閉じ込める。江戸の町衆たちは船で逃がすという作戦の手はずをつけていました。単に先が見えるだけの軍師じゃない。勝は、本当の軍師なんです。

成功率の高い改革法――屋台骨はそのままに、別館を建てよ

磯田　幕府のような古い屋台骨の上に、海軍やフランス式歩兵隊のような洋式の新組織を導入するのは本当に難しいことだったと思います。でも勝は、その導入を曲がりなりにも成功させました。つまり体制は戦国時代のままで、その横に海軍伝習所を新築した。比喩的に言うなら、本丸は武者行列のままで、その隣に西洋軍服を着た新式の歩兵部隊を置いた。勝は、旧館、あるいは本館の屋台骨はそのままに、その隣に新館を建てたのです。**変われない日本型組織を変えるためには別館を建てて併存させる、この方法しかないと気づいて、勝は別館を建て始めたのではないか。**

日本という国において改革をやるときのひとつのやり方、いまなお充分に通用する有効なやり方が、勝海舟の編み出した方式だとぼくは思っています。それを「アネックス方式」と名づけたのですがね。新旧併存となればコストの節約にはならないから、

効率は悪いように思うかもしれませんが、どっこい新しいものを根付かせる最も賢い方法だという気がしています。

半藤　本館を潰そうとしたら大騒動が巻き起こりますからねえ。本館はそのままにして相手とせず、か。なるほど。いまにたとえるなら特区構想が近いね。

磯田　まさに特区ですよ。いま注目されている特区構想の、その先駆けは勝海舟だった。そう言っていいのではないですか。既得権益層の抵抗が強いときには、それが非常に有効なのです。本館の権利は侵害しない。しかし別館が流行り始めて勢いづけば、本館もおのずとそれに引っ張られることになる。「こっちもあのやり方をとりいれようじゃないか」とばかりにね。

半藤　その勢いしだいでは、別館が平和的に母屋を飲み込むところまでいくかもしれませんね。

磯田　「経路依存性」、人間はこれを捨てることが非常に難しいんです。日本人はその傾向がとりわけ強い。「経路」とはつまりこれまでの行きがかり、道筋のことです。「経路依存」というのはノーベル経済学賞を貰ったダグラス・ノースの言葉ですけど、これまで慣れ親しんだ経路はなかなか変えられないという意味ですね。たとえばパソコンのキーの並び方は、なんら合理的な意味がないのに絶対に変わらない。人間工学に則ってもっと打ち込みやすいように変えようということには絶対にならない。

半藤　世の中それればっかりですよ。社員同士で飲みに行くのも、三回おなじ店に行けばたいがいそこに行くようになってしまう（笑）。昔の花街でも三回目には馴染み客となれるんです。

磯田　経路依存性の強い日本人が改革をやる場合には、日本に適合したやり方がある。アネックス方式は、歴史上成功した、最もアレルギーの少ない方法と言っていいでしょう。

半藤　しかも勝海舟は、それをやるに最もふさわしいキャラクターでした。ほら吹きなんです。「アイツがまたほらを吹いているよ」と言われているうちに、つまりほとんど警戒されることなく知らぬ間につくっちゃった。海軍伝習所はまさにそうでした。磯田さん命名するところの「アネックス方式」成功の秘訣は、たぶん本館とケンカしないことですね。

磯田　そうだと思います。本館の権利を侵害しないことです。そして別館の規模をどれくらいにするかを慎重に考えること。小さくしすぎると役に立たないし、大きくしすぎると警戒されて無用な邪魔が入りかねません。
半藤　本館の大きさを吟味し熟慮して、別館は適正規模をもって建てよ、ということですね。

勝海舟の凄み――度胸と胆力と

半藤　それはともかく勝さんという人。あれほどどこの藩の人間とでも付き合える人はいなかった。珍しいですよ。ですからどこでも顔が利くのです。神戸に港をつくるべしと将軍家茂《いえもち》に建議したのも海舟ですが、神戸海軍操練所を開き（一八六四）、ここで坂本龍馬をはじめ紀州の陸奥宗光《むつむねみつ》、薩摩の伊東祐亨《いとうすけゆき》らを鍛えている。幕府のなかでは人脈豊かとは言えないけれど、外の人脈はそれこそ山ほどありました。おそらく幕府のほうからは、「おぬしは本当に幕府の人間なのか。もしかしたらどこかの藩の回し者なのでは？」と見られていたのではないですか。
磯田　きっとそうだったでしょうね。諸藩と緊張関係が高まるたびに、勝は内通していると疑われて職を解かれ、そのたびに後ろに引っ込められていました。
半藤　さて、時間が前後して恐縮ですが、私はやはり長崎海軍伝習所についてひとこと言っておきたい。勝の念願だった伝習所が長崎にできたのは安政二年（一八五五）。徳川の世が終わって明治となる十三年前のことです。陸軍の場合は若者を集めたら、彼らを兵隊さんに仕立てるのはしごく簡単。武器を扱えるよう訓練さえすれば出来上がりです。あとは「捧げ銃《つつ》」だの「進め」だの命令に従わせればよろしい。ところが海軍はそうはいきません。軍艦という道具を使いこなすだけの広範なる知識と技能を養わなければいけませんからね。機械を使うためには、もとより外国語を習得しなければいけなかった。ですから人材育成は本当にたいへんなんです。それを勝は知っているから、長崎にものすごい訓練所をつくることをそれこそ一生懸命に提案して実現にまで漕ぎ着けた。そして有望な若者を大勢集めて育てました。そのおかげなのですよ。明治になったとたん、あれよあれよという間に日本海軍が出来上がったのは。

幕臣だった人たちが、数多く海軍伝習所に学んで海軍に入っていきましたから、明治の海軍の中将クラスというのはやたらと静岡県出身者が多いんです。この連中の多くは造船とか造機とか通信の専門家に育ったようですがね。

磯田　幕府の艦船は明治に入って新政府に移管され、操練所や伝習所などの機関も引き継いで帝国海軍ができました。最初の海軍大輔は、そのあと薩摩の川村純義《かわむらすみよし》に代わ

ります。草創期の海軍の現場は、佐賀藩と幕臣の海軍技術で稼働していたと言ってい
いでしょうね。

半藤　勝海舟がやったこととして、巷間では西郷隆盛との談判、江戸城総攻撃の前日の交渉ばかりが褒めそやされますけれど、いちばんの功績はそれじゃない。むしろ統一国家ができたあとを見越して、未来の日本のために準備をしていたということ。そここそ勝の凄みがある。あの動乱の時代にまことにいい人が出てきてくれました。何べんでも言いたいのですが、勝の祖先の出身は私の祖先とおなじ越後。それのみならず勝も私も「隅田川で産湯を使い」。そういう共通点がありまして、ここはひとつ、もういっぺんエヘンと威張りたい（笑）。

磯田　ハハハ……。恐れ入りました。

さて、勝海舟を語り終えるに当たって、ぼくもひとこと若い読者に言っておきたいことがあるんです。

勝は度胸と胆力で幕末を生き抜き国を導きましたが、ヒラ社員であっても一介の書生であっても、度胸と胆力で立ち向かうべきときがあります。ときには社長どころか総理よりも、自分はエライ人間だと思わなくてはいけないような、勝負のときが訪れ

ます。そういうときは絶大なる自信をもって当たるべし。つまり度胸で当たれ、ということです。

人間社会には、自然の法則のように必ずしも正しい答えがあるわけではありません。しかも「理外の理」が起きてくる。だから度胸で判断を下すしかないことが、どうしたってあるわけです。そのときに、やってはいけないことがある。「それは少ない情報で判断してしまうこと」。いや、情報で判断をせまられる場合もありますが、情報収集の努力をしたうえで情報が少ないのなら仕方ない。いけないのは、「情報収集の努力をせずに判断してしまうこと」なんです。

先に話題となった「願望と現実をごちゃまぜにすること」や、「狭い利害関係で安直に判断してしまうこと」も厳に戒めないといけません。結局、知り得た情報のなかには間違いもあるし人は誤解もする。最後は賭けですから直観に頼るほかない場合が多いのですよ。だけど情報収集もせず、案をたくさん考えることなしに決断するのは、失敗の確率が高い。それだけは間違いないです。

秀吉の名参謀、小早川隆景が正しい決断ができるのはなぜか。不思議に思った黒田長政が本人にその秘訣を聞いている。すると隆景は「別に仔細《しさい》はない。長く思案して遅く決断するだけ」と謙遜するのです。この続きとして、ぼくには隆景の、こんな言葉が聞こえてくる。

「熟慮を尽くしたのなら、その決断を後悔することはないだろう。しかも度胸がついている」。これは時を超えて、あらゆる職業に共通していることなのではないかと思っています。

人間を見る目――人を褒めなかった福澤諭吉

磯田　最新式の西洋兵器と西洋軍制を取り入れた戊辰戦争から、明治の陸海軍創成過程で、それまでにはいなかった新しいタイプの軍師・参謀というものができてきます。

半藤　江戸開城のあとの上野戦争で圧倒的な戦果を見せつけ、その後の奥羽戦線でも作戦指導した長州出身の傑物、大村益次郎《おおむらますじろう》について、福澤諭吉《ふくざわゆきち》が『福翁自伝』の中でコテンパンにやっつけています。「開国論者のはずだったのに、長州へ帰って下関戦争に遭遇した途端、攘夷論者の仮面をかぶっているのか、本当に攘夷主義になったのかわからん」などと評していました。福澤諭吉という人は、たいへん失礼ながら、人間を見る目があるんでしょうかね。

磯田　さて、どうでしょうか。ただ言えるのは、福澤は後年、大村のことを疎んじていた。福澤にしてみると、大村が軍事方面へ行ったことは理解ができなかったと思う。西洋医学を学んで猛勉強をし、天下の緒方洪庵《おがたこうあん》の適塾で塾頭まで務めたのに、戊辰戦争の司令官になって、さらに新政府の陸軍創設に命がけで関わるなんて、まるで理解に苦しむと。福澤は中津藩士で幕府側ですから、大村が倒幕側に行ったことも許せなかったのではないですか。

半藤　幕府側の人間として福澤が大村に反発するのもわからなくないですが、大村益次郎は並の軍師ではありませんからね。人間を見ていないのではないか。福澤諭吉は勝海舟に対してもコテンパンでしょう。

磯田　明治政府に参加したことを悪く言いますね。

半藤　福澤諭吉という人は優れた人だと思いますけど、真の人間を見る目がないから、本当の意味で近代日本の重要人物のなかに入らないのではないかと思うのです。慶應大学の人には悪いけど（笑）。

磯田　いや、どんどん言ってください（笑）。ご指摘のように、福澤は人の才能を認めて褒めるということをあまりしない。福澤は中津藩内でも家格が低かったから、そのコンプレックスが強くて人を上に見たくなかったのかしら。

半藤　そういや、「天は人の上に人を造らず」なんて言っているが、福澤が誰かを褒めているのは、ほとんど見たことがないなあ。

磯田　凄みのある人に出会ったときに、感心とか感動をするのではなく対抗心を燃やすタイプなのかもしれませんね。まあ、かなりの自信家ですし才能もありますしね。

半藤　教育が将来の国家をつくると考えた。その上であの人がやったことはたいしたことだと思いますが、人を見る目のないところがどうにも気になります。

磯田　思い出した。福澤が褒めている人に、木村芥舟《きむらかいしゅう》がいます。おなじカイシュウでも木村のほう。

半藤　そうでしたね。あれは勝をやっつけるために木村芥舟を褒めたのではないかと、思わないでもない。それに金も出してくれた。

磯田　人柄がよくて、自分に親切にしてくれたり、世話をしてくれた人を福澤は褒めますね。才能に対してはあまり褒めないのかもしれない。「ヤツよりむしろオレのほうが勝っている」と言いたくなってしまうのか。そういう人ってけっこういますよね。

半藤　慶應大学の元塾長の、小泉信三《しんぞう》さんとは福澤の評価をめぐって何べんも議論をしたんですよ。私は編集者時代に担当でしたので。当然ながら小泉さんは擁護し褒めるわけですがね。最後には、小泉さんもさすがに辟易したんでしょうね。「半藤君、キミは本当に大学を出たのかね？　隅田川の船頭でしかないのと違うかね」って。私はボートの選手で船頭とは違うんですがね（笑）。いずれにしても、福澤が大村を悪く言うのは、大村が攘夷論者でありすぎた、という点なんです。どうでしょうか。私は福澤が言うほど大村が攘夷論者だったとは思わない。

　たしかに攘夷論を唱えてはいましたよ。しかしもしこの人がただの攘夷論者なら、幕末に長州の伊藤博文や井上馨《いのうえかおる》たち五人の若者を、イギリスに留学させるためにあんなに腐心しませんよ。しかもあの留学は長州がイギリスに攻撃をしかけて下関で攘夷決行する、まさにその直前の出来事でした。伊藤博文らが渡航資金集めのため江戸の長州藩邸にやって来たとき、留守居役の大村は五千両もの金を用意していたのです。明日にも日本には近代国家ができるということを大村益次郎もまた見ていたと思う。福澤諭吉は、大村の底意を見抜けなかったのかなあと。大村さんの話が出ると、いつもこのことを思います。

早世した鬼才――屈指の天才、大村益次郎

磯田　大村益次郎は新しいものを追求しているように思えるけれども、じつは古いものへの憧れが強くある。長州人は全般的にそうかもしれないが、サムライ的価値観への憧れが強いのです。彼らが公家出身の西園寺公望《さいおんじきんもち》をバカにしているところにもそれが表れていますね。西園寺が留学するとき、「貴方は軍人には向いとらんから軍学などやる必要はないだろう」などと、大村が西園寺に対してかなりエラそうな口調で言っているのです。

大村益次郎は周防《すおう》の田舎の、村医者の出身でした。サムライがエライお国柄にあってサムライではなかった。ですから自分の前でエラそうにしていた、さして強くもない武士たちを、自分の医療技術でひれ伏せさせることに快感を覚えていたのではないでしょうか。医学は勉強したけれど、医者で終わるものかと思っていたのではないか、と。長州人吉田松陰が、明治以後の建国の物語にこだわるのは、たぶん勇ましいことへの憧れが強かったからだと思う。そのへんは京都からほど遠い地の特徴なんです。経済原理ではなくて武張ったものへの憧れが、京都から離れ九州に近ければ近いほどある。

半藤　本当に長州は武張ったものが好きですよ。ケンカ腰です、いつもね。

磯田　ケンカ腰とは言い得て妙で、蛤御門の変（元治元年／一八六四）のように御所に突入していくような不合理な作戦をとってしまう。それが大村のような農民医者だと、その不合理さがずいぶん薄まっています。大村は、それこそ願望と事実との峻別はよくできた人でしたから、そのつど現実的な対処をとっていました。

半藤　大村益次郎のことを、私は日本陸軍創設の祖であると言っていいと思っていますが、もし暗殺されなければ、名実ともにそうなっていたはずです。明治二年（一八六九）、京都に滞在中に狂信的な攘夷論者とおぼしき賊徒八人の襲撃を受けて、四十六歳の若さで死んでしまいましたがね。靖国神社の参道の、ド真ん中のえらく高い台座の上に銅像が立っていますが、あれはたぶん、幕府軍の残党のいる上野の山をニランでいるのです（笑）。真っ先に勝海舟が海軍をつくろうとしたのに対して、大村はすぐ陸軍をつくろうとしていた。しかも陸軍は国民軍でなければダメだと見抜いていた人でした。でないと国防にはならないと。

磯田　海外の、軍の規模の統計が、江戸後期かなり早い段階で入ってきていました。国の軍隊をつくるには、徴兵制にせざるを得ないということが大村にはわかっていた。

先ほど半藤さんがおっしゃったように、歩兵操練によって、ごく短期間に農民などの非戦闘員を世襲の武士よりも強い兵力に変えることができるということも大村は承知していたと思います。

半藤 大村は、勝と違って科学者ですからできるだけ早く役に立つものを好むのです。だからこそ陸軍だったのだと思う。早く死んでしまったので、参謀としてどの程度日本陸軍のために尽くす人になったのかわかりませんが。

磯田 いずれにしても技量・技術としては傑出したものがありますね。この人は、西洋から入ってきた戦術書や兵学書の数々を、ほとんど独学で翻訳しているのです。努力家であると同時に生まれついての才があった。これはこのあとじっくり語ることになる、明治海軍の名参謀、秋山真之の言ですが、「軍事というのは絵を描くのに似ている」という言葉があります。つまり、教科書で描き方を教えておなじ筆を与えても、みながキレイに描けるわけではない。その人にアートが宿っているかどうかだと。軍事はそれとおなじだと主張した。軍事を絵心とおなじと表現されて、ぼくはなるほどと感心しました。言われてみれば、高杉晋作《たかすぎしんさく》や大村益次郎には、生まれつき戦というアートの才がある。これはやはり、教えて得られるものではないのでしょう。

半藤　大村益次郎は第二次長州戦争（慶応二年／一八六六）で山ほど実戦を重ね、作戦を成功させていますからね。幕府軍が守っていた浜田城と石見銀山は、大村が指揮して奪い取っています。もともと石見銀山は幕府の天領だった土地であり、圧倒的に劣勢と言われたのにもかかわらず。なるほどアートの才があったのですね。

磯田　現場での指揮は、場数を踏めばある程度できますが、勝てる将は育てられるものではないのでしょうね。

半藤　大村益次郎に関する「ｉｆ」をひとつ議論したい。もし長生きしていたら、明治政府のなかで叛乱を起こしませんか？

磯田　うーん、どうでしょうか。高杉晋作はあるいは叛乱を起こしたかもしれません。しかし大村は起こさないでしょう、とぼくは思う。

半藤　高杉が危ないという見積もりには、まったく異論がありません（笑）。

磯田　もし高杉晋作が叛乱を起こすとしたら、まず大阪の砲兵工廠《こうしょう》をゲリラ戦で破壊して動乱を起こし、西日本全体を巻き込んでいったでしょうね。最後は鎮圧されるでしょうけれど、そうとうタチが悪かったと思います（笑）。軍艦を奪って、海外に根拠地をつくることすら考えたかもしれません。

半藤　私は大村も危なかったのではないかと思うのですが、そうでもないですか。アートの才がありすぎるから、官僚国家には我慢できなくなる。違いますかね。

磯田　いや、大村は鎮圧する側だと思います。というのも大村にはカリスマ性と人脈がないですよ。蘭学者人脈くらいですかね、持っていたのは。それにあの人、誤解されるようなことばかり言うので同調者が得にくいのです。そうだ、大村の特徴をよく表すエピソードを思い出しました。

戊辰戦争で長州藩の参謀の、世良修蔵《せらしゅうぞう》が仙台で殺されます。そのことを記した大村の手紙を読んだことがあるのです。一般的な長州人の手紙はどちらかというと感情過多で、「断腸の思い」だとか、「われ啼泣《ていきゅう》す」だとか、そういう情緒的な言葉に溢れたものが多い。木戸孝允《きどたかよし》の日記などは、「泣く泣く泣く……」、もう泣いてばっかりですよ（笑）。ところが大村の手紙は違った。「胴体はどこから発見された、手はどこから、頭部はどこで」というような内容でした。要するにこういうことだと思う。長州藩の参謀が、奥羽側との談判の途中で暗殺されたということを大村は不思議に思った。これはいったいどういうことなのかと考えた。遺体がバラバラにされて、その部分が離れて見つかったのなら、その地点を記して推理することによって、彼は犯人の逃走経路を知ろうとしたのでしょう。

彼には「味方の参謀が死んで悲しい」とか「気の毒であった」とか、そういった普通の人間がとらわれるような感情はないですね。機械的人間とでも言うべきか。日本史上、ここまで機械的な軍師はほかに見当たりません。だから大村は最強なんです。参謀のなかの参謀という性質を持った人間。純化した参謀を一人だけ挙げよと言われたら、ぼくは迷わず大村益次郎の名を挙げます。

半藤　またこの男を、司馬遼太郎さんが褒めるんですよね。

磯田　カリスマ性がない。オタク性が強くて技術屋で、ひたすら闘いに向かっていくタイプ。徹底して情報を集積し、分析していれば気持ちいい。合理的で無駄な行動が一切ない。純粋培養された参謀の、ひとつの「理念形」かもしれません。

半藤　なんともイヤな奴だけどねえ。

磯田　でも軍師としては強いんですよ、こういう人は。いっぽうで人間関係においては誤解を招きやすい人です。そのうえ自分が憎まれて、攻撃対象にされるということに想像が及ばないところがある。たぶん、自分のことが勘定に入っていないのです、この人。出世とか蓄財とか、個人的な将来の希望とかも考えていなかったのではないですか。

半藤　その点では、不思議な人ですね。自分が勘定の外に常にあるということは。

磯田　自分の見込みが当たるかどうかに、執念というか楽しみを見出している。いま大村の生家跡には碑が立っています。家を取り壊すときに、地元の研究者が襖《ふすま》の裏張りを剝がしたら、大村の作戦図や何やら、いろんな書きものが出てきたそうです。それらを見せてもらいに出かけて行ったことがあるのですが、実際に見てみて、大村がどういう作戦の立て方をしているかがよくわかった。じつにメカニカルな考え方をしていました。斜線を引いて、「こっちから撃ったら心理的にこっちに逃げるだろうから、こっちに網を張っておけばやっつけられる」なんてことがいろいろ想定されているのがわかる。そこから立ちのぼるのは、司馬さんが『花神』で描いた大村の姿そのものでした。歴史家として言いますが、あの小説はよく書けている。ふつう小説の中の人物は、資料を読むと実像から離れていくものが多いけれど、生資料に当たれば当たるほど『花神』の大村像に近づいていく。稀有な小説です。

半藤　司馬さんはそれこそ眼光紙背に徹して資料を読んだのでしょう。それにしてもですよ。聞けば聞くほどイヤな奴ですね。一緒に酒は飲みたくないね。

磯田　薩摩の海江田信義《かいえだのぶよし》でしたか、これがまた武張った人なのですが、大村は海江田からあるときたいへんな怒りを買ったという。それ以来、海江田は大村のことを、「いつか殺してやるッ」と言い回っていたらしい。

半藤　海江田信義といえば、生麦事件でイギリス人商人、チャールズ・リチャードソンにトドメを刺した薩摩藩士でしたね。

磯田　幕臣たち彰義隊が、薩長には恭順するものか、と上野の山に立て籠もったとき、激戦と予想された黒門口に薩摩軍をあえて立たせると大村が言った。海江田が「それは死ねということか」と迫ったら、「そういうことです」と、大村は平然と答えたという。そういうことを頼むときには、言い方というものがありますよ、ふつう（笑）。

大村は、極端な表現をするならある種のサイコパスかもしれない。人命が、彼にとっては統計の数字なんです。「これくらいの人間が死ぬ状況をつくれば江戸を焼かずに処置できるだろう」などと考えている。手術時の出血量くらいにしか人命の重さを考えていないかもしれない。ですから自分自身の命が危うくなったときでさえ、どこか客観的でした。京都で襲われて死にそうになっているときに、「左脚の切断手術が必要だけど、ああしてこうして時間が浪費されたらあと自分に残されている時間はこれくらいか」なんて、計算をしているんですよ、たぶん（笑）。計算したその時間を、遺言を喋る時間に当てて、「このあと新式の大砲を用意する必要がある」とかなんとか、淡々と述べて死ぬのですからね。

半藤　ロボットみたいですね。人間とは思えないようなところがある。

磯田　鬼才ですよ。鬼の才といっていい。木戸孝允は、この人のその才をこそ見抜いて使ったのだと思います。たいていの人は敬遠しますがね。

半藤　たしかにモンスターだ。それを使う気になった木戸も偉いところがある。ただ参謀の中にはこういう人が、判断に人情を絶対挟まないような参謀が必要なんですね。だけどやっぱり私はこんな奴イヤだね（笑）。

超実務タイプの参謀――戦に弱く、計数に強い山県有朋

磯田　マシンとまでは言えないが、政治性が付着している実務タイプの筆頭として山《やま》県有朋《がたありとも》が挙げられます。山県の事務処理能力の高さといったら尋常ではないです。彼が編纂した地図とか徴発物件表だとかをじっさい見ましたが、「この緻密さ、出来の見事さって何！」と驚きました。「維新の英雄」に求められる無私無欲とはほど遠い

人物ですがね。よくいますよね、計数に強くてまことに優秀なんだけど、友だちにだけはなりたくないという人。山県有朋はまさにそういう感じの人物です。

半藤　アハハ……。それは言い得て妙だが、山県有朋って人、じつは私、評伝を一冊書いているのですよ。これがね、いちばん売れなかった（笑）。ただ、ひと言だけ褒めておきますとこの御仁は参謀としてはかなり優秀ですよ。

磯田　もちろん優秀だと思います。彼がつくってくれた地図と統計で学問的には助かっています。

半藤　その優秀さは、いまのお話のとおり「主計局長」的な優れ方。そんなにこまま計算しなくたっていいじゃないか、と言いたくなるところはありますが、それを冷徹にやる。それだけに情勢というものをかなりきちっと見ている。戦略勘もある。ただ、「将」としてはダメです。

磯田　ぼくもそう思います。戦場を指揮させたら、彼にアートの才はありません。そのことが彼にものすごいコンプレックスを与えていました。高杉と山県にそれぞれ兵士百人を与えて戦わせたら、おそらく山県軍は全滅ですよ、しかもあっという間に。高杉晋作という人には、そのＤＮＡに、戦いに勝つ情報が書き込まれていたとしか思えない。だから戦うのが大好きでしょうがない。第二次長州戦争で幕府軍と戦ったときも、高杉は結核が悪化して血を吐き続けているような状態でした。にもかかわらず小倉城を攻めて、後世語り種《ぐさ》になるような戦いをしようとしています。死ぬことをたいして怖いと思っていないから、少々体の調子が悪くても陣太鼓の音が聞こえて来たら闘志がメラメラ燃え上がって、そのあいだだけは元気で働いてしまう。そういう人でした。

半藤 明治元年の戊辰戦争で、我が長岡城を攻略せんと、乗り込んできた「会津征討総督」の参謀がほかでもない山県でした。ですから、私も山県とは少なからず因縁があります。長岡城を落としたつもりになっていい気になっていたら、すぐに反撃をくらったものだから、山県は腰を抜かして裸でひょうたんだけを持って逃走。山県は死にものぐるいで逃げたんです。文字どおり裸ん坊で、しかも武士の魂である刀を放り出していったことがたいへんな不名誉とされました。その後、桑名藩士で奥羽越列藩同盟側として戦っていた立見鑑三郎《たつみかんざぶろう》（尚文《なおぶみ》）、明治新政府の陸軍大将に取り立てられた立見が、山県を冷やかすのです。「山県閣下、あなたはひょうたんだけは大事にしていましたなあ」と。山県は日清戦争（明治二十七年／一八九四）でも軍司令官として出陣していますが、ここでもコテンパンにやられている。あまりに戦果が上がらんものだから帰国させようとするのですが、軍司令官なので簡単にクビというわけにはいかないのですよ。天皇陛下の許しがいるんです。そこで病気を理由に交代させたという逸話がある。山県は、戦場においてはまったく無能だったのです。

磯田　「チャンスは、貯金できない」という、自動車王ヘンリー・フォードの有名な格言がありますね。戦場というのはまさにそれで、貯金できないチャンスを瞬時でいかに見抜くかが勝負の分かれ目です。それが、軍師・参謀の腕にかかっている。相手の隙が生じた一瞬の、そのチャンスに乗じる「機」を見る能力ですから、足し算を一個ずつやっていくような、宿題をきちんとやっていくようなタイプは向かないかもしれませんね。

半藤　しかしね、山県の偉いところは、その立見鑑三郎を大将に昇進させているところ。**自分をいつもバカにしているような男は、クビにできないまでも、ふつうなら左遷して遠くに追いやりますよ。だけど能力を冷静に見てちゃんと大将に昇進させて軍の要職に抜擢していました。**人物評価は誤らなかった。山県の評判の悪さは、異常なほどに私腹を肥やしたからでしょうね。

磯田　ぼくはそれが気になって、山県がどのくらい蓄財したのか調べたことがある。そのとき興味深い逸話を発見しました。

のちに学習院の院長になりますが、三浦梧楼《みうらごろう》という長州出身の中将がいました。三浦が鳥羽伏見の戦いのあとに、諸隊の給料を山県に貰いに行った。給料の封を開けてみると金はがっかりするほどの額しか入っていない。肩を落として帰ろうとする三浦に、「おい、旅費を持っていけ」と山県が別の封筒をよこしたという。部屋を出てから期待もせずに開けてみたところ、そのなかには信じられないような大金が入っていたというのです。そのとき「この革命は、だんだんおかしなものになってきているなあ」と三浦は嘆息したらしい。つまり、正規の給金はすごく安く設定されているのに、山県のもとには自由に使える金が唸っていることに三浦は気づいたのです。鳥羽伏見の戦いは慶応四年（一八六八）一月ですよ。こんな早い段階から山県の蓄財が始まっていたとは。ちょっと驚かざるを得ません。三浦はその後、山県との権力争いに敗れ去るわけですがね。

半藤　三浦梧楼と山県有朋との争いは、半ばしょうがなかったと言える。あとでくわしく語ることになりますが、山県たちドイツ派は、陸軍をそれまでのフランス軍制からドイツ軍制に変えようとしていて、それに反対するフランス派の三浦たちとぶつかった。そのときに山県は大鉈を振るって三浦ら中将クラスの重鎮四人をクビにするんですよ。

磯田　そうでした。ドイツといえば、山県の緻密さに驚かされた経験がもうひとつあります。山県はヨーロッパへの視察旅行に行っています。総理大臣になる前で内務卿時代のことです。足かけ二年、十カ月に及ぶ長期旅行だったので、山県は客死することもあり得ると考えたのでしょう。彼はわざわざ自分の遺産目録をつくって田中光顕《たなかみつあき》に差し出してから旅に赴いているのです。

半藤　ほう。しっかりしておりますなあ。

磯田　それが残っていて、その時点での蓄財額がわかる。法政大学の長井純市教授が紹介しておられますが、私の見るところ、いまの価値で二、三十億円くらい。高給とりの陸軍将官が一生かかっても、まず貯めることなどできないほどの、巨額の蓄財でした。帳簿に書かないでおいた財産もほかにあったことでしょう。そうでなきゃ東京目白の椿山荘なんか造営できませんよ。

半藤　別荘は京都、大磯、小田原、栃木の矢板と数知れず。金に糸目をつけない普請道楽でした。ただ、少し褒めておくとしたら、日露戦争に最後まで反対していたのは山県でした。そして戦略の総本山の参謀総長でありながら、国家政略を先にして早く戦争を終わらせるために、最大の努力を傾注したのもこの人。日本の国力をリアリスティックに見ていた。これは立派なことでした。

磯田　冷静かつ緻密な計算をすると、国力の差から見て日本が強国ロシアに挑むのは無茶なことでしたからね。でもロシア帝政は疲弊しきっていて革命が起きそうだとか、いま国力が落ちているとか、シベリア鉄道がつながったらマズイとか、このときの「利」、あるいは「機」というものがあった。まさに「チャンスは貯金できない」というべきものがね。ナポレオンの言葉には「空間は取り戻せるけど、時間は取り戻せない」っていう名言もありまして、日露戦争は、やっぱりあのタイミングでやるしかなかった。この言葉の意味を深く理解できるのはちょっと上級の軍師。名軍師・名参謀と呼ばれる人は、時間とチャンスの使い方が絶妙なのです。

半藤　それにしても山県は「人事と予算」が大事であることを、本当によくわかっている人でありましたなあ（笑）。

第4章　一気にわかる、軍師制度の変遷

磯田　中世から近世を経て、近代が始まる時点まで来ました。時代をくだりながら代表的人物にスポットを当てるというスタイルで、軍師・参謀の理想と実像を一気に語ってきたわけです。このあと、まだホカホカの、近代から直接いまにつながる時代へと入っていきます。近代陸海軍の組織文化の土壌は、半藤さんがかねておっしゃっているとおり、まさに「参謀が軍を操る」というものでした。

結論めいたことを先に言ってしまいますと、日本の軍制というのは近代において、「参謀で成功したけれども、参謀で暴走した」と言えるのではないか。そしてその土壌は決してにわかづくりのものではなく、五百年から六百年もの時をかけてじっくり育まれてきたものであろう。ぼくはそのように見ています。ここでちょっとだけ立ち止まって、その流れにある制度的変遷を、二人で議論しながらおさらいしておきたいと思うのですが、いかがでしょうか。

半藤　面白い。ぜひそうしましょう。読者のより深い理解のために役立つと思います。明治以後の、日本の軍隊組織の問題を理解するうえでは、遠回りするようでいてそのほうが近道になるかもしれませんね。

軍制の第一段階――「着到」と「感状」が語るもの

磯田　日本の歴史上、明治の軍隊に至るまで、軍制はだいたい六段階ぐらいの変遷を経ていると考えています。

まず、第一段階は中世の軍制。先にも議論してきたように、中世の軍隊は儀礼で統合せざるを得なかった。なぜならば、言うことを聞かない軍隊だったからです。中世のそれは指揮不能な軍隊だったと言い換えてもいい。ボトムアップの軍であって、寄り合い所帯でした。まず軍勢催促状が出されると、それぞれの谷間から豪族が兵を引き連れて集まってくる。集まったところで、まず「着到」、これはいわゆる出席簿のことですが、「着到状」というものがつくられた。その戦にエントリーしたという証明書です。そして手柄を立てたら、それが「軍忠」とされ、これに対する褒美として「感状」が出される。「感状」制度はついこのあいだの、太平洋戦争の終戦時まで貫かれました。

半藤　いまの自衛隊では、さすがに「感状」は、もうありません。ただ、表彰の制度がありますね。「賞詞」というものを授与するらしいです。

磯田　そうですか。軍隊ではないのだから、軍功という概念は生まれないという理屈でしょうね。イラク特措法（イラクにおける人道復興支援活動及び安全確保支援活動の実施に関する特別措置法）をつくって自衛隊をイラクに派遣したのが二〇〇三年の末でした。ときの総理大臣小泉純一郎は「死亡したら一億円」と言っていたように記憶しますが、あれは「賞恤金《しょうじゅつきん》」。それまでの六千万円から九千万円に引き上げて、首相からの特別褒賞金一千万円を創設し、あわせて一億円にしましたね。いわばこれはお見舞金であって、感状に類するものではありません。

半藤　感状で私が真っ先に思い出すのは、ほかでもない連合艦隊司令長官山本五十六《やまもといそろく》なのです。昭和十六年（一九四一）十二月八日の真珠湾攻撃。特殊潜航艇でこの奇襲攻撃に参加して、未帰還となった九人の士官・下士官たちがいました。あの戦争の初の戦死者となったこの若者たちは「九軍神」として大いに讃えられた。「純忠比なし」とか「不滅の偉勲」といった派手な見出しが新聞に躍っていましたよ。でも小学校五年生の私にはちょっと違和感があった。というのも、潜航艇は一隻二人乗りですから数が合わないんです。へんだなあと思ったのを覚えています。真実は戦後になって知ることになりました。一人が攻撃に失敗して米軍の捕虜になっていたのです。これを当時海軍は必死で隠した。

磯田　「生きて虜囚の辱めを受けず」。大戦果を挙げた真珠湾攻撃で、栄えある帝国海軍の軍人が、捕虜なんかになってもらっては困るわけですね。

半藤　それを苦々しく見ていたのが山本さんでした。じつはしばらくたって、一人捕虜となっていたことが、アメリカの短波放送でごく一部には知られるところとなっていた。なのに、それでもなお海軍は頬被りで隠した。山本五十六はそれがまた不満だったんです。

年が明けて昭和十七年二月、「捕虜になったからとて決死で突っ込んだことに変わりはない」とばかりに感状を、山本さんは自ら出した。九人ではなく十人に与えたのです。これに、おったまげたのが海軍軍令部。受け手の名前を書かれた感状の原本は、外部に決して出させませんでした。だから一般には知られていません。

磯田　ということは、感状は、海軍省や軍令部といった中央の省部の認可を必要としていなかったということですか。ラインの長が自らの判断で発行できたのですね。

半藤　そのとおり。省部も天皇の許可も必要とせず、戦闘部隊の最高責任者たる連合艦隊司令長官自らが独断で出せました。あの戦争では、感状はたいへんな名誉でした。

磯田　昭和陸軍の感状を見たことがあるのですが、鎌倉・室町の感状の系譜を引くような文書形式で、それほど変わっていませんでした。感状は、ひょっとしたら終戦まで日本は中世軍隊の伝統を引いていたのかもしれませんせん（笑）。

半藤　脇道に逸れました。中世の話に戻りますと、「着到状」に書かれた兵士、連れてきた者たちは農民がほとんどですね。

磯田　そうです。被官と呼ばれる作男たちを兵士に仕立てて連れてくるわけです。

半藤　田植えや稲刈りのときは忙しいから、そういう時期に戦をされても加勢できませんね。

磯田　ええ。兵のみならず、戦に投入される騎馬にしても、ふだんは農耕馬ですから農繁期に軍勢催促をされたら当然差し障りが出る。「差し障り」は農民ばかりではありません。豪族の側も、農繁期には馬をいったい何騎支度できるのか、見積もることができない。来るまで数を摑めない。ですからこの時代、戦と言ってもなかなか予定や計画が立てられませんでした。では、そもそも戦への加勢を頼むとはどういうことか。そして農民らはどのようにして参加することになるのかを、ちょっと説明させていただきます。

中世の社会というのは地縁か血縁か、もしくは宗教縁。それらの縁によって人びとが結びついてひとつの単位がつくられていました。新宿という地縁の集団だったら新宿衆。磯田一族だったら磯田衆。半藤教門徒の半藤衆がいたりする。外敵に対しては、その単位がまとまって「一揆」という集団をつくって対抗することになります。これは農民反乱集団という意味で使う「一揆」とは異なるのですがね。いずれにしても、その衆はそれぞれひとつの一揆集団で、ひと塊として戦線に加勢するか離脱するかを自ら決めることになる。つまり「一揆」は、戦を始めようという大将の家来ではないのです。では集めた複数の衆を、どのように統合するかというと、その手段は儀礼しかなかった。みんなで儀礼をやって、軍師が天文の占いをやり一斉に「エイエイオー」と。それでしか、統一的な一体感というものが演出できなかった。それゆえ中世における軍団は、軍師のシャーマン性が非常に重視されるという構造になったのです。

半藤　アイデンティティ、いわゆる国民的意志統一はなかったのですね。軍隊的統一を保つためには、どうしても祝詞とか神仏への祈禱で一体感をつくらないといけなかった。

磯田　逆に言えばそのことは、ある種のカリスマ性がある人でないと総大将にはなりにくいということを意味しています。たとえば甲斐の武田信玄。武田家は代々甲斐国の国主の家でしたから、正統性を象徴する宝物、西洋で言うところの「レガリア」を保有していたわけです。天皇家の「三種の神器」にあたるものを武田家という地域権力は持っていた。ですから信玄は、「御旗《みはた》」と「楯無《たてなし》」（伝来の大鎧のこと）をあたかも神のように扱った。その前にみなを集め、戦勝を誓って勝栗を食べ、軍隊の統一をはかった。信玄は伝統カリスマ、世襲カリスマの将でした。

半藤　そのカリスマで、呪術性を帯びて統合するという構造ですね。

磯田　「呪術性を帯びた統合」で国がようやく保たれるという点では、じつは明治から昭和にかけての日本も似たようなものでして（笑）。日本の近代国家は個別の一体性を持った藩が二百八十もあったものを統合してできたので、天皇のカリスマ性で統合した。昭和の軍部に至るまで、ある種の呪術的儀礼性が残っていたとぼくは思います。

半藤　帝国陸海軍も、地方に鎮台、さらに連隊組織をつくって地方性をがっちりと固めて軍隊を成立させているわけですから、その点ではたしかにそれほど中世時代と変わりませんね。

これは日露戦争のときの逸話です。明治三十七年（一九〇四）夏の遼陽会戦で、日露両軍の主力が初めて衝突することになる。満州軍第二師団は弓張嶺《きゅうちょうれい》の夜襲戦をかけるわけですよ。師団というとこのとき一万二千から三千人、後には一万七千から八千人になりますが、この大集団が夜襲をかけるなんていうことは、およそ例がない。世界の戦史上初の大規模夜戦でした。しかも奇襲です。真っ暗ななかでの作戦ですから、味方を撃つかもしれない。方向を間違って進軍したらとんでもないところに行ってしまう。そこで夜襲戦を成功させるために合言葉を考えた。第二師団は仙台・会津若松・新発田・高田の四連隊で構成されていたものですから、その地名からとって「仙台」、「越後」としたのです。そうしたら会津出身の兵隊さんが怒った。仙台は戊辰戦争ですぐ降参しちゃったじゃないかと。あんな弱い軍団の名前を使うくらいなら、「会津」を使ってくれよと大まじめに主張した（笑）。つまり明治の第二師団も、いまのお話にあったように郷土集団だったのです。それを何とかなだめて「仙台」「越後」となりましたが。

磯田　学問の世界では、それを「在地性」と言います。

半藤　ほう。そういう学問用語があるのですか。

磯田　ええ。一般的な言葉に換えるなら、「ご当地性」とでも言えば近いかもしれません。自分の属性意識が、生まれ在所から離れることがない。中世においては、そういう「在地性」の強い人びとが戦に加勢したら、もう「着到」の時点で義務の半分は果たされたようなものなのです。つまり軍勢催促に応えたわけですからね。さらに戦闘で手柄を立て「軍忠」まで貰えれば完璧です。ですが、必ずしも手柄を立てようとは考えていない。この時代、戦闘開始後に旗色が悪くなると兵士たちは、クモの子を散らしたごとく雲散霧消となったものなのですが、それもむべなるかな、なのです。

半藤　ああ、みんな逃げちゃう。家来でもないのに命まで投げ出す義理はないというわけですね。

磯田　そういうことです。中世の軍記物を読むと、しばしば「わずか四騎五騎ばかりになりて落ちにけり」というような表現に出くわします。それまでは十万余騎とか三万余騎とか、威勢のいいことを言っていても、形勢が傾いたとたん様相は一転する。源頼朝・義経兄弟の従兄弟で、いっときは朝廷でも認められた武将、木曽義仲《きそよしなか》にしても、零落して落ちのびていく段階では、ボディーガードさえおらず、従者は乳兄弟だけだったという。

半藤　乳兄弟というのは、おなじ乳母に育てられた者同士。それこそ最後まで、生死をともにする疑似兄弟ですから、そうなるともう軍団とも言えませんね。

磯田　ええ。こういう時代の軍隊組織は、優秀な軍師がいかに緻密な作戦を立てたとしても、配下の者たちが継続的に忠実に実行してくれることは、ほとんどなかったと考えていい。

第二段階への移行——濃尾平野に生まれた中央集権

磯田　では、中世は、果たしてどのように終わるのか。

近世の始まりをどこに置くのかというと、鉄砲の伝来、あるいは織田信長の登場とされています。それは、いわゆる戦国大名と言われる一群のなかから、のちに「公儀」といわれるような権力が生まれてくるころということになる。そういう勢力は、おもに濃尾平野から発生しています。織田軍団も秀吉も、家康の軍団もこれすべて濃尾平野です。これらに共通の特徴は何かというと、中央集権的であったということです。先にあげた地縁血縁宗教縁による一揆衆のような、同盟体ではなかった。明らかにトップダウンで動く組織でした。主君と家臣の力関係が、中世の有りようとは明らかに違ってきます。

ここで注意を喚起したいのは、じつは戦国大名間にさほど大きな違いはなかったという事実。また、信長軍が兵農分離をすすめていたということになっていますが、巷間言われるほどではありません。ただし、織田らがほかと明らかに違うのは、トップダウンが貫徹する組織になっていたという点でした。

半藤　信長の兵農分離政策はそれほどでもなかったとおっしゃいましたが、織田軍団は、農民をむりやり動員してにわか軍隊をつくって戦ったわけではなくて、日ごろから戦闘訓練をさせていた。兵士のプロ教育には積極的だったとは言えるのではないでしょうか。

磯田　まあ、織田軍団はほかに比べればプロに近いです。長期の遠征が得意でしたしね。

半藤　昔から講談本で描かれておりますが、信長の軍隊は槍が長かったという。それを見た美濃の斎藤道三《どうさん》がびっくりして「信長を侮るべからずと思った」と伝わっていますが、じつは斎藤道三、槍が長いから驚いたのではなくて、あんな武具を使いこなせるということに驚いたわけですね。

磯田　まさに。訓練しないと、あんなものは使えません。

半藤　ふつうの人をいきなり戦場に連れていったって戦力にはなりません。誰だって泣いて逃げますよ。相当に訓練しなければ兵士として働くことはできませんよね。私ら昭和ひとケタ世代は、中学生のとき「教練」をやらされました。中学以上の学校には陸軍将校が配属されて来る。これ、大正時代の終わりからやっておりまして、何も太平洋戦争のときに始まったわけではないのですが、私が中学生のときには、戦局がおかしくなったために、もの凄く厳しい教練をやらされた。「いざとなれば本土決戦だゾ」と毎日聞かされて、もう教練ばっかり。中学生に木銃を持たせて「突撃ッ」「ヤーッ」だなんて、そんな教練をしたってどうなるものでもありませんよ。いま思えばバカじゃないかと（笑）。とはいえ、教練のおかげで下町の悪ガキたちも、「歩調揃えろッ」なんて叱咤され、大勢が揃って動くことができ、集団動作は目に見えて機敏になった。銃剣術もうまくなった。訓練の効果というのはたしかにあったのです。信長は教練の効果を承知していたからこそ普段からやらせたのではないでしょうか。

磯田　戦国時代の後期には、単身の兵士の部隊が増えました。単身というのは、供《とも》の者を連れずに軍団に参加している者のこと。その多くは足軽と徒士《かちざむらい》と呼ばれる人たちです。彼らは身分としては武士ではない。兵士であって将校とは違います。そして足軽には四種類がありました。旗足軽、槍足軽、弓足軽、鉄砲足軽の四種類。この中でいちばん格が高いのが旗足軽。

半藤　旗持ちは大将の近くにいますからね。

磯田　ええ、そういうことですね。ですから、旗組が、いちばん格が高くて名誉とされている。つぎが槍でしょうね。そのつぎが弓で、いちばん遠くまで飛ぶ鉄砲は臆病者が持つ武器とされて、格としては最下層だったのです。

半藤　なるほど、名誉職の旗組以外は、敵との距離が遠くなるに従って格が下がったというわけですか。

磯田　鉄砲は威力はあるがいちばん格が低い。そういう構成なんです。ちなみに徒士は槍だけ。鉄砲徒士が稀にいますが、徒士はほとんどが槍でした。当時の言葉で「組の者」という言葉がありますが、持ち物の種類によって旗組とか鉄砲組と呼ばれ、単身の兵士の部隊が組まれるようになっていった。

半藤　その昔、といっても二〇〇〇年ごろでしたが、『徹底分析・川中島合戦』（PHP研究所）という本を書いたとき、武田軍の編成を調べたことがありました。たしか小林計一郎《こばやしけいいちろう》さんの調べを参考にした覚えがありますが、ま、一例としてこんな数字で示したことがあります。武田軍＝騎馬隊12、槍隊58、鉄砲隊7、旗持6、手明き7、弓隊10。たいする上杉軍＝騎馬隊10、槍隊65、鉄砲隊6、旗持7、手明き12、弓隊0。いずれも百分比です。これでもわかるように、鉄砲を低く見る考えは、明治の直前まででしっかり残っていました。幕末に、「西洋銃を採用して軍制を近代化すべし」と建策した会津の山本覚馬《やまもとかくま》は、藩内から批判されて謹慎処分されています。身分に付着した概念は、三百年たっても変わらないというい い例です。

磯田　足軽の構成比は、近世が進むにつれてだんだん多くなってくる。藩の殿様が金を出して二千人、三千人と鉄砲や槍づかい兵士を雇うようになったのです。日本型の傭兵の増加です。しかし傭兵と言いましても、元は農民兵。世襲の武士ではないので武士気質を持っていません。

半藤　で、負け戦となったときの逃げ足は、みな早いですよ（笑）。

磯田　ですから、その逃げ足の早い傭兵の比重が高くなってくると、いよいよ近世軍師が必要になってくる。

半藤　それは作戦が必要になってくる、ということでもありますね。兵力を組織的に動かす。作戦の善し悪しで戦の結果が違ってきますから。

磯田　重要なご指摘です。中世においては作戦を立てても実行してくれないのですが、近世が近づくとそれがかなりできるようになる。作戦を立てる人は「軍奉行《いくさ》」、あるいは「武者奉行」と呼ばれるようになりました。近現代の「派遣参謀」にあたるのが「軍目付《いくさめつけ》」。伝令を飛ばす使者を「使番《つかいばん》」と呼び習わしました。このあたりが近世的な意味での軍師・参謀にあたる人たちです。大将の作戦意思を末端に伝える役割を担うことになる。

半藤　「使番」は、近世になるとやたらと軍師のそばにいる。

磯田　足軽や徒士を組み込んだトップダウンの軍団ができると、これを「備え」と言うのですが、近世的な備えの軍制というのができるようになる。長期遠征が可能となる。こういう「備え」を持った武将たちが、濃尾平野から権力を押し広げていく。

半藤　なんで濃尾平野にできたのか。考えるに、広い平野にある城や砦は、攻めるに易く守るに難いからしょっちゅう戦争が起きる。ゆえに絶えず軍事訓練をしてトップダウンの強い軍隊をつくらないといけない必要に迫られた。そんな推理をするのですが、どうですか。

磯田　そういうこともあったでしょうね。何よりだだっ広いところでは中央集権的な統治がやりやすかったのだと思います。東国の武の伝統もある。あとはやっぱり織田信長です。この地で成長した信長という個性の強い人が、合戦にのめり込んでいったということが大きい。戦好きでないと、あのようにはなりません。やがて年単位で長期遠征し、その地に多くの将兵を駐留させるようになると、彼らの「在地性」が自然と薄らいでいくわけです。そして中世が終わっていきました。「軍目付」などの古い軍事用語は、塙《はなわ》保《ほ》己《き》一《いち》が中世・古代へ遡ってこういう武士関係の辞書をつくってくれまして『武家《ぶけ》名目抄《みようもくしよう》』という本にまとめられ、くわしく解説されています。

半藤　塙は、江戸中期を生きた盲目の大学者ですね。

磯田　ええ、片っ端から書物を音読してもらいそのすべてを記憶したという、超人的な頭脳の持ち主でした。さて、それはともかく。

近世的「備え」の、軍制第二段階と言うべきものが生まれて組織的な集団戦ができるようにはなったものの、まだ問題があった。大勢の足軽や徒士を指揮しようとしても、肉声で指示を与えるのでせいぜい三十人から四十人の部隊が限度なのです。それ以上になると肉声ではなく、今度は鉦《かね》や太鼓で合図を送りながら軍団を動かすようになりました。指示を与えるやり方は三つ。ひとつは肉声による伝令。そして鉦・太鼓の鳴りもの。もうひとつが「采配」です。いま「采配をとる」とか「采配を振る」という言葉が残っていますが、その語源が中世の、この軍事用語です。

半藤　なるほど、なるほど。

磯田　「采配」はおもに戦の現場でつくったようです。関ケ原の戦いの様子を伝える島津軍の文書に、現場で「采配」をつくったという記録が残っています。戦の前夜に藪《やぶ》に入って竹を採ってきて、紙の房のようなもの、あれを幣《しで》と呼びますが、それをくりつけます。あらかじめ、「前に倒したら進軍、下げたら後退」などと合図は決めておきました。戦闘が始まると「采配」を振って指示を与える。長い竿ですから遠くからでもよく見えるんです。戦場の管理者は、「軍奉行」と呼ばれるようになりました。「陣馬奉行」という言い方もありますね。「陣場」と書く場合もある。

半藤　「陣馬奉行」という役職は、たしか江戸時代もあったのではないですか。

磯田　はい。陣馬奉行の名称自体は、藩によっては幕末まで存在したようです。江戸時代になって戦はなくなっているので、実態を伴わない役名ですがね。秋田藩主の佐竹氏には幕末にも陣馬奉行があり、そう、あの佐久間象山は、松代藩主真田家の陣馬奉行という肩書きでペリーに対峙しています。

半藤　へえ。西洋兵学の佐久間象山が陣馬奉行だったとは驚いた。

第三段階から第四段階へ——戦がなくなって生まれた軍学

磯田　というわけで第三段階です。十七世紀、戦争がなくなると兵法は学問になる。軍学化します。甲州流軍学、長沼流、越後流、山鹿流軍学というような軍学流派が生まれました。各藩が、それらの軍学にもとづいて、軍師にあたる職、軍奉行にあたる職を置いていく。会津藩は長沼流でした。越後流を採用したのは紀州和歌山や岡山藩。幕府はご存じのとおり甲州流です。広島藩も甲州流。

半藤　甲州流とはつまり武田信玄の軍学ですね。

磯田　ええ、そうです。長州藩はちょっと複雑で、吉田松陰は、もとは長州藩の山鹿流の軍学者ですが後に長沼流も学んでいます。

半藤　じいさんの代までしか戦をやったことがないということになると兵法書がテキストブック化されていって、教養になるというわけですね。

磯田　それに従ってリアリズムからは遠のいて、だんだん現実離れしてくる。今日伝えられている軍奉行や軍師という概念は、この十七世紀の軍学の中で学問として整理され、記録されてきたものに依拠しているものが多いです。先ほど紹介した塙保己一の『武家名目抄』も、この第三段階の、軍学の時代の故実学的結晶でした。

さらに時代が下って幕末にいたる。対外不安が嵩《こう》じてくると、幕府をはじめ各藩が軍制の見直しを始めます。これが軍制第四段階へのイントロとなります。当時、いちばん戦力の高い藩とされていたのは会津藩です。会津藩の軍制は、兵農分離型のいわば旧来のシステムですが、そのシステムを温存しつつ、改良を施していました。会津は「軍事奉行」を二人置いています。その下に補佐役の「軍事奉行添役」がまた二人つき、取り巻きの役職も加えると、軍事奉行の集団が全部で二十人ほど。それくらいの規模の参謀集団を持つに至ったわけです。なにせ「軍事」と名のつく奉行ですから、ちょっと近代的な感じがしますね。会津藩は江戸的な参謀本部を持つことになったと言ってもいいでしょう。では、半藤さんのもともとの故郷、長岡藩はどうか。家老の河井継之助《かわいつぐのすけ》が慶応四年（一八六八）についた職が、「軍事総督」でした。

半藤　そう、河井が総督となったのは閏四月二十六日、戦闘は五月十日に始まりましたから、じつに短期間で河井はガットリング速射砲二門を擁する闘争集団に長岡藩兵を仕上げた。もっとも上席家老になったのが四月一日でしたから、すでに休みなく戦闘訓練はしていたと思いますがね。訓練された兵と、火力を集団で使う強力な兵力を持ちながら、局外中立をとなえたって西軍は聞き入れないですよね。

磯田　幕末になってなぜこういう職が生まれたかというと、本来総大将として戦場に赴くべき大名は、もう戦争の指揮ができなくなっていたからです。藩主の座にはしばしば幼い子どもがついた。会津藩第七代藩主松平容衆《かたひろ》などは、父の容住《かたおき》が早死にしたためわずか四歳で家督を相続している。容衆自身もまた二十歳で夭折。いずれにしても子どもに戦の指揮などできません。成人していたとしても側近たちは殿様を戦場には出したくない。大名というのは世襲ですからそう簡単に戦死させるわけにはいかないからです。二百七十年間も世襲を続けて、大名はついに戦場の指揮官たる能力を失ってしまった。サムライの親玉だったはずですが武将ではなくなっている。将軍・大名が実際に指揮していたのは、大坂夏の陣（慶長二十年／一六一五）が最後かもしれません。島原の乱以降、大将じゃなくて参謀たちの戦いに変わりました。

半藤　大将はお飾りにされていますよね。しかもやがて大勢の腰元にかしずかれて育つようになるから、公家化してもいる。長岡藩主もそうでした。徳川の最後のころの城主なんていうのは、どこもおおむねそうでした。

磯田　ですから、家臣のなかから軍事にくわしくて得意そうな者を選んで指揮の先頭に立たせないとならなかった。軍師です。当時はその役職を「軍監」とした藩が多かったのですが、ほかにもあって、桑名藩の場合は「軍事惣宰《そうさい》」といいますね。桑名藩では軍事と政治を分けて、「軍事惣宰」と「政事惣宰」を置いていています。ところが、ぼくが生まれ育った地の岡山藩などはまことに古めかしいのです。軍師のことを、江戸時代のはじめからずっと「貝太鼓奉行」と呼び習わした。わかりやすいですね。要するに、かつて軍の「備え」をつくったときに貝と太鼓で軍団の進退を指揮した。その指揮をとる権利を握っていた者を、そう名づけたことから発した職名でした。明治維新になってさすがに古臭いと思ったようで、「軍監」と呼ぶようになるのですが、それはともかく……。

大名が世襲になって戦争の指揮ができないなかで代理者を置くようになる。会津藩のように軍事奉行が参謀部を形成するようなシステマチックな藩もなかにはありますが、岡山藩のように昔ながらの貝太鼓奉行などという武者行列的な藩も混在していたというのが幕末の状況でした。

維新で迎えた第五段階——戊辰戦争に見る参謀中心型軍隊

半藤　そしていよいよ明治に入って第五段階を迎えるわけですね。

磯田　はい。明治陸軍創設の前段階として戊辰戦争があります。このときに編成された官軍もまた、参謀中心型軍隊にならざるを得ませんでした。官軍を構成している各藩でも、トップの殿様には指揮権がない。下級武士が「軍監」だの「軍事総督」だの「軍事奉行」だのという職名を貰い、いくらかの役料を得てその役についているわけです。朝廷に楯突く「賊軍」に対して攻めのぼっていくときに、軍列を率いるトップに押し立てたのは宮さんかお公家さんでした。

半藤　東征大総督は有栖川宮《ありすがわのみや》熾仁《たるひと》親王《しんのう》、奥羽鎮撫《ちんぶ》総督には公卿の九条道孝《くじょうみちたか》が立てられましたね。戊辰戦争で我が長岡藩を攻撃したのは長州藩なのですが、長州藩の軍隊に毛利さんなんてどこを探してもいませんよ。藩主は戦争に大将として参加してこない。

磯田　下参謀の山県が指揮していましたね。

半藤　ええ。あのときの山県の役職名は、「北陸道鎮撫総督府兼会津征討越後国督府参謀」。要するに参謀なんです。

磯田　山県をふくめ、下級武士たちが実質的には大将として指揮をとるのだけども、彼らはあくまで参謀として参加している。西郷隆盛が江戸城を攻めに行ったときの肩書きも、東征大総督軍の「下参謀」でした。参謀長の立場にはお公卿さんが立っているので、西郷さんはその下の参謀という位置づけ。あれだけ活躍したけれど、一参謀に過ぎないのです。このとき下参謀には薩摩と長州からそれぞれ二人ずつ出していま す。明治陸海軍に先駆けて、ここに早くも「薩長並立」という先例が見えます。

半藤　慶応四年（一八六八）三月、西郷さんが江戸にやってきて、田町の薩摩藩邸で勝海舟と会った。江戸城明け渡しの会談ですね。西郷さん、「幕府の条件は、あいわかり申した」とは言ったものの、立場はおっしゃるとおり一参謀に過ぎない。「自分一人では決められないので、さっそく静岡・駿府に行って東征総督の宮様の許可を得て参ろう」と。そしてそれでラチが明かない場合は、京都まで足を運び申そうと返事をしている。京都の二条城には三条実美《さんじょうさねとみ》、岩倉具視《いわくらともみ》、桂小五郎《かつらこごろう》といった重鎮がいるんです。

つまり西郷さんは官軍の全指揮をとっているのだけれども、決定権がない。静岡にいるトップたる有栖川宮熾仁親王はお飾りだけど話を通さないわけにはいかない。

けっきょく京都の二条城に置かれた太政官代まで行って許可を求めざるを得なかったというわけです。

磯田　近世の、長く続いた世襲の果てに、諸藩とも大名は指揮をとらず下級武士が軍師職なるものについて指揮をとることとなりました。戊辰戦争で官軍は朝廷の権威をいただき、かつ参謀が実質的な司令官として運営するという新たな軍制を敷いた。これが第五段階でした。

半藤　大村益次郎が明治新政府の軍隊をつくるために、フランス式の国民皆兵制を敷こうとしていましたが、明治二年（一八六九）の九月に襲撃され十一月に亡くなってしまったので、徴兵制の導入は遅れました。明治新政府ができたばかりのときには、兵部省をつくったものの、その武力はたかがしれていた。

江戸城に長州藩が数百名を詰めさせて天皇を守っていましたが、それだけでは国内の統治がおぼつかない。中央政府として税の徴収をはじめ、太政官布告をつぎつぎに発しますが、その権威や実効性をあげるためには、武力的な背景が必要だった。各藩に武力がある以上、弱い中央政府をとりしきっている大久保一蔵《おおくぼいちぞう》（利通《としみち》）としては不安でしかたない。天皇さんより、大久保が不安に思っていたはずです。

そこで大久保は、ヨーロッパ視察から帰ってきた山県有朋に、大村益次郎なきあとの陸軍を託すことにします。山県を兵部少輔に据えるのですが、山県は就任の条件に、薩摩に引きこもっている西郷さんを中央に戻すことをあげました。山県は西郷という人気絶倫の大看板があると、あとの運営がやりやすいと考えたのでしょうか。ともあれ大久保はその案に乗ることにします。

磯田　自分の仕事は終わったと言って、西郷さんは薩摩に帰っていましたが、しかし数万の大兵力を持っています。当時の薩摩軍は、強い軍隊です。明治維新を実質的に成し遂げたのは薩長の軍事力ですが、なかでも薩摩の軍事力は圧倒的でした。

半藤　大久保は、その薩摩藩の兵力と西郷さんを担ぎ出して東京に据えれば、誰も手が出せないだろうと考えた。しかしあの西郷が簡単にうんと言うわけがない。大久保らはここで天皇を使います。ミカドの思し召しであれば聞かないわけにいかないだろうという、なかば脅し、よくいえば駄目押し。岩倉具視を勅使として、山県有朋と海軍を率いる川村純義まで引き連れて大久保は薩摩に向かいます。

あに図らんや、西郷さんはあっさり引き受けます。けれど西郷は、薩摩だけでなく「薩長土三藩の兵をもって御親兵を組織」しようと土佐も加えることを言い出した。

これは大久保が敷いた路線をそのまま走るわけではないぞ、という西郷流の牽制だったと思います。大久保が中央政府で独走していることを知っていますから、維新に貢献した連中を忘れるなとクギを刺したのです。大久保の目論見《もくろみ》どおりではありませんが、めでたく御親兵の創設がなりました。こうして山県の言う「国軍」、歩兵九個大隊、砲兵六隊からなる日本国の軍隊が初めて誕生したわけです。公称一万と言われていましたが、実際はもうちょっと少なかったようですがね。

御親兵は、文字どおり「天皇を守るための軍」という意味です。こののち徴兵制施行を経て陸軍の中核となっていきます。御親兵の創設の趣旨である「天皇を守る軍隊」という基本思想はこの後も、一九四五年、連合軍に降伏して陸海軍が解体されるまでずっと引き継がれます。日本の軍隊は「国民を守るため」のものでは、最後までなかったのです。

磯田　いずれにしてもこのとき、御親兵がないと危なかったですね。武力革命の直後ですから、武力の背景がない政権はもちません。新政府を支えていた藩が「新政府の政策には賛同できないから、もうやめます」と言って離脱したら、新政府など簡単に吹き飛ばされてしまう。革命政府の分裂はしばしばそんなふうに起きている。

半藤　そして新政府はこの薩長土の武力を背景にして藩を潰した。廃藩置県、官制改革（正院・左院・右院設置）、さらに地租改正と、抜本的な制度改革を立て続けに行ったのはご存じのとおり。これらは、非常な抵抗に遭うわけですが、もし御親兵一万がいなかったら、まず、やれなかったでしょう。

磯田　また明治新政府は、御親兵とは別に、徴兵制に備えて教導団という組織を畿内につくりました。

半藤　教導団は士官学校の前身にあたる養成機関でしたね。文字どおり、下士官や兵卒を、教え導く役目を担う士官を養成する機関。ところが生徒を集めてみたら、もうたいへん（笑）。出身藩ごとに、長沼流、甲州流、越後流など、それぞれの伝統にもとづく訓練を受けてきた連中なので統制がとれない。しかもみな自分の軍学がいちばん優れていると思っている。

磯田　号令からしてそれぞれ違うんです。各藩とも戊辰戦争で軍備や軍装などは西洋式を導入していましたが、兵制は旧来の流儀に則《のっと》っていた。おっしゃるとおり、それぞれ異なる流儀でした。これではダメだから、統一したいと言いだしたのが山県有朋です。ヨーロッパ視察から帰ってきたばかりですから、山県には設計図が頭にあったのでしょう。兵部少輔になる条件に、この兵制の統一を挙げました。

半藤　いまの話で思い出した。藤沢周平さんの小説、『たそがれ清兵衛』（新潮文庫）。しばらく前に山田洋次《やまだようじ》さんが映画にしたので、私、観に行ったんです。物語では、清兵衛は最後に戊辰戦争で鉄砲に撃たれて戦死してしまう。それはナレーションのみでシーンは描かれませんがね。映画の最後のほうに出てきたのは、海坂《うなさか》藩士が軍事教練をしている場面でした。私はおやッと思った。軍監が兵士たちに、「直れ！」とか「進め〜！」とか叫んでいるのです。あの映画は全編チャンバラ映画。なのに、まさかの近代軍が出てきたというわけです。幕末の近代軍の、訓練の一場面が出てきたので思わずクスッと笑ってしまいました。

磯田　幕末に軍制がガラッと変わったときは本当に大ごとで、寄ると触るとすぐに命がけのケンカになった。「執銃教練」と言いまして、銃を持った兵の基本動作訓練があるのですが、元士族である兵には、これが我慢なりません。サムライが馬から降りて鉄砲を持つことなど彼らは想像だにできないのです。銃を持ったら足軽になることを意味しているので、武士身分から転落することと同義。家名を汚すことになる。

これは幕末の鳥取藩であった話です。集めた兵士のなかには家格の高い者も少なからずいた。その集団に、軍監が「前へ進め！」と号令をかけても絶対に前に行こうとしなかったという。なぜか。足軽が最前列に立つ。つぎが徒士。身分が高くなるほど前線から遠ざかり、いちばん奥まったところにいる殿様に、最も近い位置に立つのが高級武士。それが伝統でしたから、一歩前に出たら自分の家格がひとつ下がることを意味しています。それで前に進もうとしなかった。のみならず彼らは銃もとろうとしない。武具のなかで、銃はいちばん格下と位置づけられていたからです。岡山の津山藩では下級武士の軍監が、「前へ進め！」と命令したときには、殿様の面前にもかかわらず、軍監を押し倒した者がいたそうです。殺そうとまでしたものですから大騒動になってしまった。これ、実話なんです。

半藤　ハ、ハハ……。喜劇のようですが、じっさいあり得たでしょうね。

磯田　要するに、武士の集団はなかなか近代軍に適応できなかった。徒士以下の身分だった人たちはなんなく適応できたけれども、士分だった人たち、百石や百五十石ほどを貰っていた武士たちは、軍隊に入ること自体が難しかったと思います。徒士に生まれた秋山好古《よしふる》・真之兄弟や、台所役人だった水野広徳などは、近代軍に入っても不満なくやっていけるのですが、正岡子規《まさおかしき》や高浜虚子《たかはまきよし》のような歴《れっき》とした士分の人たちは、明治になったら俳句を詠んで生きていくことになる。軍事教練をさせられることの不名誉さというのは、やっぱりあの時代の侍には受け入れ難いことでした。

半藤　しかも松山藩は賊軍藩でしたから、賊軍出身ともなれば、新政府軍に入ったって粗末に扱われるに決まっていますからね。

磯田　ですから彼らは近代軍の軍人になるのが本当にイヤなんですよ。さらに言うなら、近代軍に入って持つことになる銃には天皇家の菊の紋所がついて、それは自分の家の紋所ではない。上級武士としての旗本には、自分の家の旗印や紋所もつけずに参戦するなどということが感覚的に理解できないわけです。なぜなら、自分の家の紋所をつけた武具で戦って伝説を残し、家名を上げ、死しては家を守る神になるというのが長らく高級武士の生き方だったからです。

半藤　自分の家の紋所をつけた武器で戦って手柄を立てて、主君から感状をいただくという名誉を得る。それこそがサムライだと。

磯田　だからこそ彼らは殿様から貰った感状を先祖代々何十枚と貯めてきたわけですよね。それを誇りにしているというのが封建時代の上級武士でした。そんな、中世以来の土豪の系譜を引くような領主たち、自分の邸宅には馬小屋があり自分のお金で草履取りや槍持ちを雇い、馬上豊かに出陣してきた高級武士たちは、最後まで領主の感覚から脱出できなかったと思います。

明治政府もかつての風習にならって「感状」を出し始めるのですが、それに感応してありがたく押しいただいたのは、たとえば乃木希典《のぎまれすけ》のような徒士の出の人たちだけだったのではないですか。高級武家のサムライとしては、殿様でもない人から感状を貰っても価値がないというわけです。

半藤　上級武士と、槍持って突っ込んでいく足軽や徒士とでは、価値観だけでなく死生観さえ違っていたはずですよね。

磯田　ですから各藩にいた一万石クラスの家老が、明治以降によくついた職というのは神主ですね。軍人にならずに神主になった人は少なくない。

半藤　そういえば神主さんには、いかにも由緒のありそうな名前の人がいますよ。伊勢だかの神主家出身の人から「熊埜御堂」という姓の名刺をもらって目を白黒させたことがあります。クマノミドウと読むんですがね。

磯田　ともあれ、明治の陸軍がドイツの軍制にならって生まれたとき、ここではっきりと、参謀が軍を動かすということが制度としてかたちづくられました。これが、日本の軍制の第五段階です。ということで、中世から近代につながる軍制と参謀の役割の変化ということを、ひととおり押さえることができましたかね。

半藤　私はこれまで､近代日本の軍事文化が「参謀重視」となったのは､西南戦争（明治十年／一八七七）が契機だと思っていました。新政府軍と薩摩の西郷軍が戦った最後の内乱です。新政府軍の総大将、有栖川宮熾仁親王は大阪にいるものだから、参謀長の山県が最前線で指揮をとった。そして、とにかく最強といわれた薩摩軍に勝った。参謀の作戦よろしきを得れば、強敵相手でも勝てるというので参謀重視になったと考えておりましたが、どうやら少々修正せざるを得ませんな。

磯田　おっしゃるように、たしかにそれは直接的な契機ではありました。しかしながら、長い近世の世襲のなかで大名が軍の指揮をとらなくなり、軍師職をつくってその代行に当ててきたこと。そして西南戦争の前夜、戊辰戦争のときにトップに公家や宮様を担いだことも、やはり無関係ではないと思います。

半藤　ついでながら、もうひと言。西南戦争のとき軍は政府直属でしたから、作戦の執行に当たっていちいち政府の許可を得なければなりませんでした。そのため大事なところで後手を踏み、敵を利する事態が起きた。これではいかんということで山県が、軍を政府から切り離した。統帥権の独立です。それが昭和の帝国陸海軍の悲劇を導くわけですがね。

磯田　政治と軍事を分けてしまったら、それを束ねる「国家の所有者」とでもいうべき人たちの合議が必要でした。「国家の所有者」とは要するに、明治維新の功績を持つ元勲たち、いわゆる「元老」のことです。彼らが元気なときは元老会議によってそれが可能でしたが、やがて誰もいなくなった。ですから統帥権は、元老という「国家の所有者」がいなくなったときに消滅させるべきものでしたね。

半藤　そう、ですから最後の元老西園寺公望が死んだ翌年に日米開戦に突入したことは決して偶然ではないのです。

軍制が変わっても変わらなかったもの——消えることのない郷党意識

半藤　これは余話です。上級武士がサムライから近代軍の軍人に変身することができなかったそのいっぽうで、比較的スムーズに兵士となった足軽や徒士はどうであったか。気がつくのは、近代軍になっても彼らの郷土意識はまことに強いまま残されたという事実です。戦陣訓は「生きて虜囚の辱めを受けず　死して罪禍の汚名を残すこと勿《なか》れ」の一節が有名で、必ずここだけが取り出されますけれど、その前にじつは大事な文句があるんです。いわく、「恥を知るものは強し。常に郷党家門の面目を思ひ、愈々《いよいよ》奮励して其《そ》の期待に答ふべし」。

つまりこれ、「郷土の人びとの名誉を辱めるようなことがあってはいけない。だから、生きて虜囚の辱めを受けることがないように」という、ひとつながりの文脈だったのです。

磯田　太平洋戦争中、ドナルド・キーンさんはアメリカ海軍の通訳官として日本人捕虜にずいぶんたくさんの尋問しておられる。ぼくはご本人からそれにまつわる興味深いお話をうかがったことがあります。

キーンさんは、アッツ島や沖縄で劣勢極まった日本兵らが自爆・戦死するのを見て、その死体の匂いを嗅いでいらっしゃいます。「日本兵の多くが天皇陛下のために命を捨てることを名誉と思っている」というのが普通の理解ですが、キーンさんは捕虜たちの話を聞くうちに、どうやらそうではないらしいと気づかれたようでした。本当は、捕虜になったことが郷土の人びとに知られることを恐れたために、死を選んでいるのかもしれないと。もし、自分が敵に囚われたことが知れたら、親、兄弟、親戚に決して拭えないような恥をかかせることになる。そのことに耐え切れず、討ち死にを選んだのではないかと。

半藤　手を挙げて捕虜になった日本兵は少ないのかもしれないけれど、戦傷病兵として米軍に救助された者は少なくなかった。それでキーンさんのように友好的に接してくれる米国兵には心を許したのです。そうなると、しばしば機密に関するようなことまで喋ったようですね。自分の名前はなかなか明かさないのですが。

磯田　ええ、日本人捕虜が、本名を名乗ることはほとんどなかったらしい。捕虜収容所には俳優「長谷川一夫」を名乗る男がたくさんいたようです（笑）。ともあれ友軍を危険に曝しかねない情報まで喋ることに驚き、これは何だろうとキーンさんは悩んだ。日本人に国家意識があったのか、あったのは郷土意識だったのか、いや家族の名誉だけだったのか。あのときはわからなくなりましたと、おっしゃっていましたね。

半藤　戦陣訓をおごそかな文章に推敲したのは島崎藤村《しまざきとうそん》だと言われておりますが、それも少々違っておりまして、原案を書いたのは、岩畔豪雄《いわくろひでお》というのちの陸軍少将です。謀報研究所、陸軍中野学校の創設者ですがね。私はこの人に取材したことがあります。岩畔さんは私に、「はじめはあんな内容ではなかったんだよ」と言うのです。自分が原案にこめた意図というのはつまり、「戦地で敵国の女性を襲うようなことは厳にせぬように。そんな気持ちが起きたときには、自分の父母を思い、郷里の人たちの顔を思い浮かべろ。そうすれば、悪いことはできないはずだ」というようなものであったと。つまり戦地での愚挙蛮行を諭すわかりやすい内容だったそうなのです。「虜囚の辱めを受けず」は主たる意図ではなかったのだとそう言っていました。ところが島崎藤村という名文・美文をモノする大作家に推敲を頼んだら、ああなっちゃった。

磯田　風紀を糾す注意書きのはずが、重々しい文章にしたら意味がすり替わってしまったのですね。

半藤　そしてついには「捕虜になるな」、それだけになってしまった。こうして見ると、郷党意識が昭和になっても強くあったことは確かです。戦国時代に村ごと駆け参じて「着到状」に名前を書いた郷党意識に通じるものをそこに感じますね。

第5章

近代日本に名参謀をさがして

薩摩出身の参謀たち――大秀才・川上操六、天才肌・伊地知正治

半藤　さて、いよいよ近現代です。明治政府の軍隊が近代軍として体裁が整うと、参謀も組織化していくことになります。山県有朋は複数の参謀を束ねるトップの参謀長になりました。参謀長は、これはと思う有能な参謀を、複数押さえておくことが肝心です。山県が選んだのは、たとえば桂太郎《かつらたろう》、田村怡与造《たむらいよぞう》、川上操六《かわかみそうろく》といった面々でした。

磯田　薩摩人・川上操六についてはあまりよく知らないので、ぜひ半藤さんの川上評をお聞きしたい。徳富蘇峰《とくとみそほう》が書いた伝記（『陸軍大将川上操六』第一公論社／昭和十七年刊）にしても、いまではすっかり忘れ去られている印象がありますね。ぼくは、東京の仕事場の近所、青山墓地を散歩するときはいつも川上の墓の前を通っています。そのたびに「この人はなかなかの人物だったのではないか」と、しばし思いを馳せているのですが。

半藤　川上操六は大秀才でした。「陸軍の至宝」とも評されましたが、なにしろ日露戦争が始まる五年も前の、明治三十二年（一八九九）に五十歳で急逝してしまいましたからねえ。おっしゃるとおり正当な評価は充分されていないように思います。

川上のことは、日本陸軍の創設者のひとりである大山巌《おおやまいわお》がすごく買っていました。おなじ薩摩人ですが、大山にはたいへん人を見る目があったと言われています。大山が評価したのはこの川上のみならず。川上と、長州の桂太郎と乃木希典。この三人を大いに買って、彼らをヨーロッパに留学させたわけです。軍政は桂太郎、軍令が川上操六、軍隊教育は乃木希典と、それぞれに学ぶべきテーマを与えた。この連中がドイツで猛勉強をして帰ってきて、日本の陸軍創成の中心になって働きました。先ほども話題にのぼったとおり、会津藩は参謀本部に似たような仕組みを持っていましたが、他の藩にそういう機能はなかった。川上の功績としてその筆頭に挙げるべきは、なんと言っても参謀本部という組織をつくったことなんです。いわずもがなですが、参謀本部というのは陸軍のいわゆる軍令機関の総本山で、作戦を考えてその指令を出す中枢組織。そういう意味では、川上は日本陸軍の父と言えますな。

磯田　明治の参謀本部という機能はドイツから輸入してきたわけですね。

半藤　ええ、ドイツからの輸入でした。川上が偉かったと思うのは、単に輸入したのみならず、そこで情報というものを重視した点だと思います。たとえば諜報活動を非常に重んじました。清国と戦争になる以前から優秀な将校たちをつぎつぎ清国に送り込んで、地形をはじめ軍の内部事情などを調べさせています。敵情をしっかりふまえた上での開戦でした。しかも川上は清国に負けたときのことを想定しているのです。作戦計画を三つのケースで考えていて、海軍が制海権をとった場合、とれなかった場合、そして負けた場合の最後が本土決戦であると。勝ったときのことしか考えない昭和の陸海軍とは大違いでした。

磯田　そもそも薩摩藩の情報収集力・分析力というのは目を見張るものがありました。江戸時代、日本で最も情報に長けていたのは薩摩人であったと断言していいかもしれません。その理由のひとつに、薩摩は日本列島の端っこに位置し、かつ水田があまりないという土地柄であったことが挙げられるでしょうね。

半藤　それと密貿易じゃないですか。たとえば戦国時代に中国地方の有力武将だった毛利元就。毛利の領地は朝鮮半島に近いから、密輸・密貿易でどんどん文献を入れていました。江戸時代になっても同様でして、よく勉強した上で子孫は長州藩の藩主となった。ですから長州の連中も、もとはと言えば薩摩に負けず劣らず情報重視のお国柄でした。

磯田　要するに彼らは海外から情報を得ないと生きていくことができなかったという

ことですね。薩摩藩は、早くから長崎通詞（ポルトガル、オランダ、中国などとの貿易で活躍した通訳）の家の人間を薩摩まで連れてきている。長崎の通詞が使っていたのとおなじオランダ語の研究資料を、城下に蓄えてあったのは薩摩藩だけです。

半藤　江戸期、本州の真ん中あたりにいた連中が少々情報感度に劣っていたとしても、それは無理からぬところがあるのかもしれません。

磯田　ベルツがドイツに帰ってから日本のことをたくさん喋ったり書いたりしておりますが、「薩摩人というのは生まれながらの戦士である」という記述が残っているのです。ご存じのとおり、ベルツは明治九年（一八七六）から二十九年もの長きにわたって日本に滞在した医学教師ですが。

半藤「日本の近代医学の父」と賞賛されるに足る、多くの学績を残した人物ですね。かつてはベルツ水で有名だったのですが（笑）。ちなみに岩波文庫の『ベルツの日記』下巻は、そのほとんどにおいて日露戦争の経緯を追って日々の雑感を書いています。重大な関心事だったことがよくわかる。滞日欧米人の下馬評の多くが日本の敗戦だったのに反して、ベルツは勝利を予測していたのですよ。

磯田　そのベルツが、戦争における薩摩人を評価している。情報で相手を圧倒したり、あるいはまた柔軟に対応したりという特性を備えている。薩摩人のある種の軍事的天分というものは、明治時代をとおしてあったような気がします。伊地知正治《いぢちまさはる》という薩摩人も、学校教育や留学によって育てられた軍師ではなかった。軍事的天分の持ち主でした。

戊辰戦争（慶応四年／一八六八）のときに、長州藩の部隊は、洋書で猛勉強した長州人、大村益次郎によって指揮されていましたが、伊地知正治は生まれながらの知恵だけで薩摩軍の指揮をとっていた。たとえば、「こういうところには伏兵が潜んでいるものだ」と伊地知が言うと、まさにそのとおりであったとか。そうした勘働きは、ともかく抜群だったらしい。

半藤　わけても福島の白河口の戦いでは、二千人あまりもの兵力を投入して白河城を守っていた奥羽越列藩同盟軍を、伊地知はわずか七百の軍勢で破っている。彼はほかでもない、西郷さんの右腕でしたからね。

磯田　ええ、鳥羽伏見の戦いでの薩摩軍の戦略はこの人が西郷と相談して立てていました。近代兵器に対する知識や運用に対する理解というのは、さすがに大村には敵いませんでしたが、いざ現場で想定外の事態が起きたとき、天才的な才能を発揮して戊辰戦争を勝ち進めていった薩摩の軍師といえば、やはり彼、伊地知正治なんです。

陸軍とドイツ・フランス——山県有朋と大山巌が推し進めたドイツ式

半藤　そういう薩摩出身の勇将たちが、本来、新しい日本陸軍を主導すべきであったのに、征韓論をめぐる対立（明治六年の政変）や、西南戦争（明治十年／一八七七）によって、多くが陸軍を離れてしまった。その結果、明治の陸軍は長州の陸軍となってしまう。じつは明治の長州人は毛利元就の薫陶芳しからず。あまり情報に重きを置かなかった。どちらかというと猪突猛進型になっていました。作戦重視になっちゃう。本来は情報があって作戦が立てられるべきなのですが、連中は情報なんかどうでもいいよ、というような具合でしてね（笑）。これが昭和の陸軍に顕著となっていくのですが、ま、それはともかく。

参謀本部ができたのが明治十一年（一八七八）で、西南戦争の翌年です。このあたりの話をすると、たいがい山県有朋のやった仕事ばかりが語られますね。あたかも山県ひとりが帝国陸軍を建設したごとく。統帥権の独立や帷幄《いあく》上奏の慣例、のちの軍部大臣現役武官制など、法制を整えて軍の政治的地位を高めたと。その一方で、参謀本部というものを戦うための組織につくり上げた川上操六の功績が、つい陰に隠れがちなんです。そこはひとこと言っておきたいところです。

磯田　では、ひとまず「ドイツ陸軍の輸入」にまつわる前段を押さえておきましょう。北ドイツと現在のポーランドの西側を領土とするプロイセン王国は、ナポレオン戦争（一八〇六〜〇七）でフランスに負けたあと真剣に考えた。一人の天才でしか成せないような軍事的粋《すい》を、集団で成すにはどうしたらいいか。知恵を絞りに絞って軍制改革を行った。

半藤　つまり、ナポレオンみたいな天才はそう易々とは生まれてこないけれども、百人の頭脳を使って仕事を分担し、ナポレオンと同等のことをみんなでやろうとしたというわけですね。

磯田　参謀とは、もともとその原型は測量職人のことらしいです。高度な専門知識と技術を有するテクノクラート。たとえば地図を作製し、兵団の移動手段や兵站はどうするか。何パターンもの計画をあらかじめ用意しておくのがその仕事でした。時代とともに交通手段が高度になると、鉄道の時刻表が非常に重要になってくる。それに伴って輸送計画・兵站のみならず、兵器の準備についても多岐にわたって複雑化したため、おのずと統一的に集団でプランづくりをやる必要が嵩じてきた。そしてプロイセンが練り上げてつくり上げた完成形を、山県と川上のコンビが輸入してきたというわけです。

半藤　たいへんわかりやすい要約をしていただきましたが、そのまた前段の事情をふくめて、少々付け加えさせてください。

磯田　要約しすぎたかな（笑）。よろしくお願いします。

半藤　徳川幕府は最後のほうで、フランスの軍事顧問団を招聘《しょうへい》していました。その前にできていた西洋流の幕府陸軍をさらに改良して、いわゆる近代陸軍の編制・訓練をやった。薩摩がイギリスから軍艦を買ったり、新しい火器を導入したりしていたことは、幕府でも摑んでいましたから、幕府としても軍備の充実を図る必要があったわけです。そこで武器を買い入れるだけでなく、その使い方を習得する、当時これを伝習と呼んでいますが、伝習隊をつくって、フランス軍事顧問団に訓練してもらっています。第3章の勝海舟の項で話題にのぼった大鳥圭介がその指揮官のひとり。

磯田　徳川幕府は、イギリスにも軍隊教育を依頼したのですが、イギリス式は一部。イギリスとしては、将来自分たちの敵になるかもしれない連中に戦い方を教えてしまっては得になるわけない。幕府はフランスの指導で陸軍の歩兵隊を組み立てた。

半藤　というわけで、徳川幕府はフランス式でしたが、明治新政府の海軍は英国に学んでいます。その明治政府、陸軍に関してはフランス陸軍の軍事顧問団の派遣を依頼していました。これはナポレオン以来の最強陸軍という定説を踏まえてのものでした。

磯田　しかしプロイセン王国が、フランス帝国と戦って、世界のおおかたの予想に反して勝利した。普仏戦争（一八七〇～七一）です。

半藤　明治新政府はこの戦争に観戦武官を派遣していました。期間は明治三年（一八七〇）八月から翌四年三月まで。大山巌と、それに桂太郎も同行しています。彼らはプロイセン王国のあざやかな勝利、さらに統一されたドイツ帝国の躍進に注目しました。

プロイセン軍はフランス政府軍を打ち負かすと、パリを包囲してしまう。徹底抗戦を叫ぶパリの人民革命政府、パリ・コミューン潰しにまで手を染めました。勝利のあとはヴェルサイユ宮殿で、なんと統一ドイツ帝国の初代皇帝ヴィルヘルム一世の戴冠式を挙行するという、フランス人にとってはじつに屈辱的なことまで堂々とやってしまいます。

磯田　ドイツの快進撃をこうしてつぶさに見た大山巌たちは、日本陸軍をフランス式からドイツ式へと転換する確信を得たに違いありません。

半藤　ドイツが勝ったのには理由がある、それは装備、武器の問題だけでなく、戦略戦術、作戦、兵站、用兵など、戦争全般にわたる理論と実戦法について考え抜かれていたからだと、大山たちは考えた。そしてドイツ陸軍の軍事政策、軍事思想を取り入れることを決意する。しかし実際にドイツ式に改められるのは、陸軍内部のフランス支持派との権力闘争の一悶着もあって、ずっとあとの明治十七年（一八八四）以降となりました。

薩摩人と長州人――森有礼と安倍晋三に見るお国柄

半藤　そこで磯田さんにうかがいたい。薩摩と長州のいちばんの違いというのは、いったいなんでしょうね？

磯田　ぼくは、薩摩の特徴は三つあると思っているんです。まず、起きてもいないことで動く。そして自分の仕事でもないところに手を突っ込む。さらに頼まれてもいないのにやる。これらの特徴を持つ者はスパイ・諜報に向いていますね。少なくとも平時の役所で働く官吏には向きません（笑）。

半藤　たしかに隣接分野どころか役割としてだいぶ違う領域にまで勝手にどんどん入っていくタイプはスパイにもってこいだ。

磯田　薩摩人は子どものころから郷中教育を叩き込まれています。郷中教育とはどういうものかというと、その起こりは戦国時代にまで遡ることができる。郷中のメンバーは六歳から二十四、五歳まで。おなじ地域に暮らす武士の子どもたちのなかで、年長者が年下の者を教育する仕組みです。鍛錬を行うに当たって重視されたのが、「詮議」でした。日ごろから議論を行って武士としての心得やとっさの場合に適切に対処できる判断力を身につけさせた。彼らは単に教えを記憶するのみならず、思考訓練を重ねている。

たとえば、これは森有礼《もりありのり》がまだ幼少のときの逸話です。「殿様に急用で呼ばれた。早馬でも間に合わないときは、どうするか」と問われ、答えていわく、「早馬の背中を針でチクチク刺します。そうするといつもより速く走るに違いありません」と答えたそうです。

半藤　可愛らしい（笑）。のちに一橋大学を創設する大教育者にもそういう時代がありましたか。
磯田　まあ、そんなふうに先輩たちから絞られ鍛えられて育つわけです、薩摩の武士の子たちは。
半藤　反実仮想力。「もしこうなったら」と考えて、対処のすべを用意できる能力が、戦国時代、島左近など石田三成一派に高かったという話をされましたが、薩摩もまた、この点で秀でていたのですね。
磯田　ええ、まさにご指摘のとおり。戦国時代には比較的ひろく行われていた実践的な教育が、江戸時代になると四書五経の暗記のような形式主義に陥っていく。ところが薩摩という辺境の地には、知識よりも考える力を重視した実践的な教育が残っていたというわけです。
いっぽう長州や会津は典型的な教養主義で、もっぱら儒学を尊重しました。彼らにとって大事なことは、「分をもって尽くさなければならない」ということ。「殿様の家来ならば忠を尽くせ」ということになる。ちなみに長州人・吉田松陰のモチベーションは何かというと、松陰が相続した吉田家は代々山鹿流師範家ですから、彼は山鹿流軍学を継ぐべき運命にあった。ですからその担当者として、尊王攘夷を主導しなければいけないわけです。こうして見ると長州人というのは、日本人の日本人らしいところをいちばん純粋なかたちで培養してしまったようなところがある。

半藤　いや、私は長州人を「日本人の代表」とは認めたくないねえ（笑）。

磯田　半藤さんの長州嫌いはかねて存じております（笑）。しかしながら長州人というのは、多くの日本人に受けるようなキャラクターであると、どうやらそれだけは言えそうなのです。たとえば「分を尽くす」タイプの典型とも言うべき乃木希典という人は、とても人気がありました。

半藤　おっしゃるとおり、たしかに日本人に受けるのは長州人なんですよね。直情径行なところが受けるのかしら。

磯田　直情径行で、やるとなったらわけもわからずやる。そのくせ普段はすごく緻密。

半藤　そうですね。加えて長州人は敵と味方を分けたがる。

磯田　その点は、長州人と一般的な日本人は違うかもしれません。山口の大内氏が朝鮮百済王の子孫を名乗っていたようにやっぱり彼らは大陸の影響、朝鮮半島の影響を凄く受けているのでしょう。日本人を激しくした、出っ張りをもっと出っ張らせたような日本人。それが長州人ですね。

半藤　薩摩人のように、もう少し人間的な膨らみが長州人にあれば、と思いますな。

磯田　第４章で、もともとの戦陣訓には「外地に出たときも郷党の目があると思って行動せよ」という教えがあったという話が出ましたが、やっぱり日本人は人にどう見られているかを行動の基準にしやすいという傾向がある。これは欧米のプロテスタンティズムとかなり異なる点ですね。彼らはいつも神から見られている。「旅の恥はかきすて」ということは、唯一神を信じている人たちにはあり得ないことです。いつでもどこでも神に見られているわけですから。ところが日本人のメンタリティは、家郷にその噂が届かないかぎりは、外で悪いことでもなんでもやってしまう危険を孕んでいるわけです。異域は自分の世界と違うと思っておりますから、たいへんなことをしでかす可能性がある。

半藤　長州領内では決してやらないようなこともね。

磯田　そうした傾向は多かれ少なかれ日本人にはあるのですが、それはともかく。会津・長州の儒学は、「ねばならぬ」という思想を藩士たちに注入しておりました。

半藤　司馬遼太郎さんは晩年、とにかく儒学の教えを尖鋭化した朱子学を嫌いました。日本人の体の中から朱子学的な「ねばならぬ」を早く押し出して、それはもうやめたほうがいいと言っておられた。

磯田　長州人が「ねばならぬ」をやり始めたら、ちょっと警戒しないといけない。誰も乃木さんに殉死なんて頼んでなどいませんよ。ご存じのとおり大正元年（一九一二）九月十三日、明治天皇の大葬が行われた日に妻静子《しずこ》とともに自刃しています。彼のなかではそれが軍人の人生を完結させるものだった。長州人はいまなお「こうしなければならない」で行動する人たち、という印象を持ちますね。安倍晋三《あべしんぞう》さんにしても、一国の宰相というのは「愛国心がなくてはならぬ」という思いが強そうです。そして、国のために死んだ人のためには靖国神社に「行かねばならぬ」と思っておられるように感じる。外交上得するかどうかの理論じゃない。そうするのが日本人の務めだと。そうなると、損益でなく、もはやご自身の信仰の問題です。

半藤　しかも参拝した日は組閣一周年という日。つまり、個人的な記念日なんだ。そんなものはまったき私情ですよ。私情でもって日本という国の国際的な位置を危うくしている。安倍晋三ファンの長州的な人たちは、「国のために亡くなった人を追悼してなぜ悪い！　日本人の務めじゃないか！」と言いますがね。そんなもの務めでもなんでもないですよ。

磯田　先ほども名の出た吉田松陰が長州思想を象徴するような和歌を詠んでいます。「かくすれば　かくなるものと知りながら　やむにやまれぬ大和魂」。安倍さんの場合もまた、自分の体の中に大和魂性というものがありまして、それが行動に直結して展開していくというパターン。どうも、長州の「ねばならぬ」性の価値観による外交と、薩摩が得意だったこうしたほうが得という国益による外交の二つがあって、外交の損得からすると、長州型は逸脱する場合もあって、薩摩型のリアリズムのほうがしぶとかったことを日本人は認識しておくべきでしょうね。

大和魂が叫ばれて――夏目漱石の苛立ち

半藤　大和魂というのが盛んに叫ばれるようになったのは日露戦争の最中からでした。とくに乃木さんの旅順要塞攻略あたりからです。これが持ち出されるようになって、たちまち日本は精神主義に傾いていくんです。夏目漱石は日本海海戦（一九〇五）が終わって、これからポーツマスの会議が始まるというころに、『吾輩は猫である』の六章を書いている。そのなかで大和魂に触れているんです。今日はこれをちょっと喋ろうと思ってメモを持って来ましたのでご紹介します。苦沙弥《くしゃみ》先生が、訪れた友人に自作の文章を披露するところです。

「大和魂！　と叫んで日本人が肺病やみのような咳をした」

「大和魂！　と新聞屋が云う。大和魂！　と掏摸《すり》が云う。大和魂が一躍して海を渡った。英国で大和魂の演説をする。独逸で大和魂の芝居をする」

「東郷大将が大和魂を有《も》っている。肴屋の銀さんも大和魂を有っている。詐欺師、山師、人殺しも大和魂を有っている」

あろうことか軍神東郷さん、詐欺師や人殺しと一列に並べられちゃった（笑）。まだまだ続きますよ。

「大和魂はどんなものかと聞いたら、大和魂さと答えて行き過ぎた。五六間行ってからエヘンと云う声が聞こえた」

「三角なものが大和魂か、四角なものが大和魂か。大和魂は名前の示すごとく魂である。魂であるから常にふらふらしている」

「誰も口にせぬ者はないが、誰も見たものはない。誰も聞いた事はあるが、誰も遇った者がない。大和魂はそれ天狗の類《たぐい》か」

どうです。「こんな危ないものが日本の国を引っ張っていくなんてとんでもねえ」

と言わんばかりです。

磯田　「大和魂を有っている」と漱石が評した東郷平八郎《とうごうへいはちろう》元帥。この人が日露戦争後、精神主義を語り始めるのです。いわく「敵の砲力が大きく我が砲が小でも心配するな。我が刀が短ければ一歩踏み込んで敵を討てばいい」。実戦時の戦訓だったのですが、これが誤解されてしまう。

半藤　「連合艦隊解散の辞」にある「百発百中の一砲、能く百発一中の敵砲百門に対抗し得る」なんていう非合理が、東郷の言葉だからというので金科玉条の教えとなる。東郷さんを祭りあげたときに日本海軍の迷走が始まった、と言えるかもしれません。漱石の憂慮など知るや知らずや。「やむにやまれぬ大和魂」なるものを抱きながら近代日本は歩み出した。ではどうするか、というので立派な参謀を育てなきゃならないということになり、参謀教育が重視されることになるのですが。

日本近現代の参謀教育――陸軍大学校と海軍大学校

半藤　繰り返しになりますが、参謀教育が大事となる直接的きっかけのひとつが戊辰戦争でした。御大将は東征大総督の有栖川宮熾仁親王。西軍としては錦の御旗をいただいていますから聖戦のつもりです。大総督はミカドの名代ということですね。だから権威さえあれば大丈夫で、実際の司令官には専門の軍人を置くという考え方にもとづく陣容です。じっさい戦闘指揮の実権は参謀の西郷吉之助《きちのすけ》の手中にあった。

参謀がしっかりしていれば、戦はうまくいく。これ、最初の発想は大村益次郎です。徴兵制も大村で、彼は農民兵を基本にしないと近代軍はダメだと考えていた。サムライだけがいつまでも戦争していては、世界に対抗できないと。それで旧士族に恨まれて京都で殺されるのですが、西郷従道《つぐみち》や山県有朋がその考えを引き継ぎました。さらに参謀を大事にしようという考えにいきついた。陸軍の士官学校（明治七年創立）と、海軍の兵学校（明治九年創立）というのはもうできていますが、参謀を養成するところがない。そこで参謀を養成するための大学校がつくられることになります。

磯田　陸軍は参謀将校を養成するため、明治十六年（一八八三）に陸軍大学校を創設しています。海軍大学校はそれに遅れること五年の明治二十一年（一八八八）。

半藤　それまでは、士官学校卒業生のなかから優秀な者をヨーロッパに留学させていましたが、参謀本部をつくったことから参謀の数が不足することになり、参謀養成のための上級機関が求められたという事情もありました。ですから近代日本の軍隊は、スタートからして参謀重視。指揮官より参謀重視だったと思います。日露戦争時の満州軍トップは大山巖総司令官ですが、実際の作戦指導は総参謀長の児玉源太郎《こだまげんたろう》が行いました。海軍も、東郷平八郎大将の参謀、秋山真之中佐の存在は絶大でした。

磯田　陸大、海大に入るにはどういう資格が必要だったのですか。

半藤　陸大を受験できるのは三十歳未満の中尉まででした。陸軍士官学校を卒業したあと、隊つき勤務を経て、連隊長など直属の上官の推薦を貰って受験資格を得ます。海大の場合は、海軍兵学校を出て陸軍同様に数年の実務経験を持つ大尉、少佐などから選抜されています。陸士・海兵いずれも成績の悪い者は受験できなかった。

試験はいずれも初審と再審の二回。合格者は受験者の約一割ともいわれておりまして、かなりの狭き門でした。東條英機は三度目でようやく合格しています。終戦時の陸軍大臣阿南惟幾《あなみこれちか》は三回失敗して、年齢で受験資格を失う直前に、四回目でギリギリセーフとなった。そして大学校を卒業した者たちは、それぞれ専門に分かれていく。たとえば海軍の航空参謀とか水雷参謀。これらは専門性の高い、それこそ測量職人のようなテクノクラートですから、スペシャリストとしてその仕事に邁進していくことになる。ですが、作戦参謀、政務参謀、戦務参謀といった総合職となると話は別。持ち場が変わっちゃうんです。さらに困ったことに、参謀というポストがやがて出世のための踏み台になってしまった。

磯田　指揮官になるためには、参謀の経験がないと、なれなかったという話ですね。

半藤　そういうことです。プロの参謀が育ちつつあるというのに、優秀だからと途中でこれを引っこ抜いて指揮官にしちゃう。参謀向きの人材が、参謀として必ずしも働けないということが時代を下るにつれて起きてくるのです。

磯田　本来の目的を逸脱していったわけですね。

半藤　そうです。参謀、先任参謀、参謀長と、参謀職をより高次へと昇っていくのではなく、海軍を例にとると、しばらく参謀を務めたあと艦長になり、また陸に上がって省部の重要なポストにつき、そして戦隊司令官に抜擢される。そのあと艦隊の参謀長に昇進してつぎは艦隊の司令長官にと、ジグザグに移動しながら出世街道を歩んでいくというのが通例となりました。ですから平時はともかく、いざ実戦となったとき、参謀長や司令官にふさわしくない人物がその任についているということが起こり得た。これが日本の近代軍の、まことにマズイところでした。

磯田　参謀重視のくせにプロの参謀は育てない。そういうことになっていったわけですか、なるほど。

半藤　いっぽうアメリカ軍はどうであったか。じつは基本的に、参謀が影響力を持つことはまずありません。参謀はあくまで指揮官の補佐役。文字どおりの裏方でしたから、アメリカ海軍の将校で参謀として幕僚勤務をことさらに望む者はほとんどいなかったそうですよ。ところが、そんな参謀連のなかにあって例外的に個性を発揮できたのが情報参謀でした。専門性の蓄積がモノを言う特殊な部門ですから、一貫して情報畑を歩みました。

エドウィン・T・レイトン少将は、開戦時、太平洋艦隊の情報参謀（中佐）でした。真珠湾攻撃を許したことによって司令長官のキンメルは更迭されましたが、レイトンは後任の司令長官チェスター・W・ニミッツに乞われて留任し、なおかつ終戦までずっと情報参謀を務めることになりました。昭和二十年（一九四五）九月二日の、戦艦ミズーリ号上の降伏文書調印式にもニミッツが、「レイトン君、お前さんが最高の殊勲者だ」とばかりに、その功績を称えて、レイトンを列席させているのです。お歴々が居並ぶなか、わざわざハワイから呼んで出席させています。

磯田　その情報参謀、昭和陸海軍ではどのような存在だったのでしょうか。

半藤　ハッキリ言って格下扱い。参謀本部や軍令部でいちばん偉かったのはなんといっても作戦参謀なんです。太平洋戦争時、情報参謀だった堀栄三《ほりえいぞう》中佐は、陸大時代に情報参謀の教育は皆無だったと自著（『大本営参謀の情報戦記——情報なき国家の悲劇』文春文庫）に書いています。「従って情報の教育は実務教育の中に組み入れられて、大本営第二部（情報課）の情報参謀たちが出向してきて、ソ連事情、支那事情、欧米事情などを話し、彼らが実施している情報の実務を一方的に聞かせてくれるだけで、情報をいかにして集め、いかに審査し、いかに分析して敵情判断に持っていくかという情報の収集、分析の教育は、陸大教育の中にはまったくなかったのである」と。

磯田　情報参謀にも高い専門性が求められるはずなのに。昭和の参謀本部は情報を軽視していた。その愚かさを裏書きするようなエピソードですね。

半藤　軍の規模や時代の変化に応じた改編がなされなかったこともまことに問題でして、連合艦隊司令部の参謀の人数にしてからがそうです。日露戦争の日本海海戦と太平洋戦争開戦時の参謀の数を比べると、規模増大に応じた増やし方とは言いかねるものでした。山本五十六連合艦隊長官のもとにいたのは参謀長の宇垣纏《うがきまとめ》少将以下、十二人。その四十年前、東郷平八郎連合艦隊司令長官のもとにいたのは、参謀長の加藤《かとう》友三郎《ともさぶろう》少将以下、八人でした。

磯田　軍の規模が全然違うのに、ですか。

半藤　そう。しかもカバーすべきは広い太平洋全域ですよ。日本海の比じゃない。海上艦艇だけではない、潜水艦あり航空機あり。航空機には機動部隊あり陸上基地部隊あり、もう戦力・艦船・装備の有りようが全然違う。ところが参謀の数としてはプラス四でしかなかった。あろうことか連合艦隊司令部に潜水艦の参謀はいなかったのです。というように、参謀重視のくせにじつに不徹底。要するに明治期の仕組みをほとんどそのままと言っていいほどに踏襲していた。

磯田　硬直的なのは陸軍にしても同様で、旧型の三八式歩兵銃が太平洋戦争中もずっと使われましたね。三八銃はその名のとおり明治三十八年（一九〇五）にできた銃ですが。

半藤　その理由は簡単なんです。明治三十八年というのは、三月十日の奉天会戦で陸軍の戦争がほぼ終結した年。九月には講和条約締結となった。ということは、三八式歩兵銃ができたときには、まだ続くと考えられていた戦闘はもうおしまい、となりまして、山ほどつくった三八銃とその弾丸が残されてしまった。これを消化しないことには国民の税金がもったいない、とは思わなかったかもしれませんが（笑）、これを使い切ってしまおうとばかりに太平洋戦争も三八銃が主たる銃器となった。敵歩兵の標準装備は自動小銃ですよ。こっちは一発撃つごとにカチャカチャ。さすがに参謀本部も機関銃や自動小銃が大事だということは知っていたのですがね。我がほうには、機関銃はおろかその弾丸を大量に製造するだけの工業力がなかったという事情もありました。

磯田　日露戦争中、黒溝台の戦い（明治三十八年一月二十五〜二十九日）では、圧倒的な大兵力で包囲殲滅《せんめつ》戦を挑んだロシア軍を、秋山好古指揮するところの旅団は、たかだか騎兵一個旅団半の兵力で、援軍なしで撃退している。このときものを言ったのが機関銃でしたよね。

半藤　そのとおり。日露戦争のとき、日本には機関銃がなかったなんていう俗説がありますが、そんなの嘘ですからね。黒溝台の戦いのあと、最後の陸上決戦となる奉天会戦では、兵器の導入に関してはロシア軍より上をいっていた面もある。ロシア軍が野戦砲を重視していたのに対して日本軍は威力に勝る榴弾砲やカノン砲をかなり使っていました。機関銃も事前に大量補充されていましたしね。

磯田　敵の部隊が通る橋を見下ろせるところであるとか、そういった要所に山砲を運び、あるいは機関銃銃座を設置して待ち構え、敵の進攻を足止めすることに成功したという。そういう戦術においても満州軍は長けていたようですね。ところが四十年後には、機関銃の餌食になる軍隊に変貌している。

ご承知のとおり明治の海軍作戦参謀秋山真之は、三十代半ばで海軍大学校で教鞭をとっていた時期があります（明治三十五〜三十六年）。その講義録が『秋山真之戦術論集』（中央公論新社）という本にまとめられていますね。

半藤　ええ、長らく国防機密とされていた講義録です。

磯田　それをぼくは読んだことがあるのですが、冒頭には「これから教える戦術は将来通用しない」とありました。「ナポレオンは一戦術の有効期限を十年とした。海軍技術の有効期限は二年を超えない。飛行機と潜水艦が発達。これから海軍は無用の古物になり空軍万能の時代がくる。いまから教える平面戦術は役に立たなくなる」。秋山真之は教壇に立ってこう言っていたのです。

半藤　居並ぶ士官たち、さぞかし度肝を抜かれたことでしょうねえ。

磯田　この教えを昭和の軍人が守っていたら歴史は違っていたのですが……。

明治の天才参謀——秋山真之の、制度をつくる力

半藤　名前が出たところで、つぎは秋山真之の功績について語っておきましょう。「知謀湧くがごとし」とは島村速雄《しまむらはやお》第一艦隊参謀長が、秋山真之の立案能力の高さを評した言葉です。彼がやったことのなかで何がいちばん偉いかというと、実戦で役立つ戦務をしっかりと定めたことなのです。戦務とは何か。本人が定義したところによると、「軍隊を指揮統率し、将兵たちをいかに行動させるか、そしていかに生存させられるかをマネージメントすること」。戦略や戦術のように直接戦うための技術ではないわけです。具体的には、たとえば秋山真之は、混乱する戦場でも素早くわかるようにさまざまな情報を、暗号や信号として記号化した。

磯田　制度をつくることができるというのは、参謀としてまことに大事な資質です。秋山真之はまさにその能力を有していました。今日の日本語になっているもののなかには、もとは秋山がつくった軍隊用語が少なくない。「攻勢」や「先制」、「奇襲」もそうですね。言葉をつくってしまったというのは凄い。

半藤　「決戦」や「独断専行」もそうではないかな。秋山真之がつくった信号も紹介しておきます。明治三十八年（一九〇五）五月二十七日。日本海海戦開戦時、信濃丸

がバルチック艦隊を九州西方で発見して第一報を発信します。このときのメッセージ、「敵艦隊見ゆ　二〇三地点　信濃丸」を意味する無線電信略符号は、「タタタタタ　モ二〇三　ｙｒ」。「タタタタタ」が「敵艦隊見ゆ」。「モ」が地点。「ｙｒ」が信濃丸。ちなみに旗艦三笠はＫでした。この重要な情報を伝える電信はまことに簡単な言葉の連結。簡単でしかも間違えようがない。そういうものを秋山は決めていたのです。

磯田　情報力に優れて発想力も豊かですが、何より秋山の、制度をつくる力に凄みを感じますね。

半藤　そこが凄い。バルチック艦隊を目前に、旗艦三笠が掲げたＺ旗の意味するところが、有名な「皇国の興廃この一戦にあり、各員一層奮励努力せよ」というメッセージでした。Ｚ旗はご存じのとおり、ローマ字で表す二十六の国際船舶信号旗のひとつ。航海中の船同士の意思疎通に使われる信号ですから、当然ながら万国共通のデザインで意味も定められています。秋山はこれらすべてに日本独自の意味を新たにつけた。ちなみにＺ旗の国際的な意味は「タグボートがほしい」ですがね。

磯田　たった一文字で、文章にしたら何十字も要する意味を送れることになった。まさに今日の、圧縮した情報の送信ですよ。

半藤　その元祖ですな。Z旗を見た瞬間に各艦にメッセージが伝わった。旗ひとつでみんながパッと意思統一できた。とはいうものの、実際は、水兵さんたちはそんなもの知らないですよ。「皇国って何でござんすか？」、「興廃って何だ？」というような案配でして。しょうがないから甲板士官が「この戦いで負けたら国が滅びる。だからお前たち、粉骨砕身ガンバレという意味なんだ」と解説して鼓舞したようです。航海長や甲板士官たちはもうガンガン覚えさせられて、一人残らず、何十もの信号の意味を見た瞬間にわかるようになっていました。これ、本当の話です。

磯田　圧縮情報を高級士官が「鍵」になって解くという、そういうことだったのか（笑）。

半藤　いずれにしても、戦争の前にこういうことを徹底して準備していたから、日本海海戦はまことに機能的かつスムーズに運ぶことができた。これが秋山さんのいちばんの功績でしょうね。「七段構え」やら「T字戦法」といった戦法ばかりがクローズアップされますが、褒めるべきはむしろこっちです。日本海軍を実戦においてきちっと戦える組織にしたということです。見事でした。

磯田　秋山真之は、外国の概念を二文字の漢字で表すことにこだわりました。この点で、彼我を比べて反省させられるんです。いまの公務員やぼくらみたいな学者、広告業の人もそうです。翻訳するときにかなりの文字数を費やしたり、あるいは翻訳せずにカタカナ表記にしてお茶を濁しています。しかるに秋山真之は、直感的にわかる訳語を考え出して見事に表現している。

たとえば「戦力」。これを二つに分けたら軍艦などの「機械力」と、その機械を運用する人間の「技術力」の二つであると秋山は考えた。そして「機械力」を二文字に縮めて「機力」と「術力」とした。秋山はその用語をじっさい参謀教育で使っています。文字数も少なくて済むので、後の人たちが電報を打つときも便利でした。

半藤　そのこだわりは、もしかすると明治の気風ですね。

磯田　「神経」など見事な訳だと思いますね。「神気の経路」だから「神経」。もっともこれは江戸人杉田玄白《すぎたげんぱく》の造語ですが。

半藤　明治は江戸の尻尾ですよ。「社会」は森有礼、「権利」「哲学」は西周《にしあまね》でしたか。informationを「情報」としたのは森鷗外《もりおうがい》です。井上ひさしが森鷗外のことを「新造語の大親分」と評していました（『ニホン語日記2』文春文庫）。「詩情」「空想」「民謡」も鷗外ですよ。明治の知識人たちには漢語の素養がありましたから、ひとまず漢語的な表現に置き換えて、そこから日本語化したのでしょう。それを取り入れて軍隊を動かすための最も有効なる手段としたのは、秋山参謀の凄いところ。なまじっかの人にはできませんね。

磯田 まさに軍を動かすソフトウェア自体を全部一人で書いたようなものです。それ以前に似姿を探してみると、長州軍を動かすに当たって大村益次郎が、号令を独自につくって制度化していましたけれど。

半藤 号令を統一することはやらざるを得なかったでしょう。けれど海軍の場合、軍艦という巨大な道具を使うわけですから、艦隊を動かすためにはよほど徹底しないとならなかった。じっさい準備万端この上なしというぐらいやっていますからね。ですから日本海海戦は勝つべくして勝ったとも言える。

磯田 あれだけ準備していれば……。

半藤 そのための準備をする当の責任者が、ほかでもない参謀なんですよ、じつは。業績を伸ばす会社というのは、常務でも専務でもそこまでやっているのではないかと思いますよ。

陸軍の名参謀総長——破格のカリスマ参謀、児玉源太郎

半藤　日露戦争における陸軍にも目を向けますと、現地で直接指揮する「満州軍総司令部」が派遣されたのが明治三十七年（一九〇四）六月のことでした。満州軍は四軍から構成されておりまして、第一軍司令官が黒木為楨《くろきためもと》大将（薩摩）、第二軍司令官が奥保鞏《おくやすかた》大将（豊前・小倉）、第三軍司令官は乃木希典（長府）、第四軍司令官が野津道貫《のづみちつら》（薩摩）。四人の軍司令官がいたのですが、みな鼻っ柱が強い。易々と言うことを聞いたりはしないんです。なにせ新政府軍を引っ張ってきたエースばかりですからね。

磯田　そこで総司令官となったのが大山巌大将でした。当初、山県有朋が総司令官になりたがっていたそうですが。

半藤　ええ。ところが山県有朋では口うるさすぎて、一癖も二癖もある連中をまとめられるわけがないと（笑）。どうやら児玉源太郎大将が画策して、鷹揚として威厳のある大山巌をトップに据えたようです。

磯田　大山巌は西郷隆盛の従兄弟であり、維新のときに活躍した元勲。要するに国家の所有者の一人で、オーナーに近い。士官学校出の途中から入ってきたようなぽっと出とはわけが違う。戊辰戦争では伊藤博文なんかといっしょに白刃の下を駆け巡って

国をつくった張本人ですからねえ。そしてほかでもない児玉自身が総参謀長となって大山を支えた。児玉は台湾総督をやり、陸軍大臣にまでのぼり詰めた大物中の大物でした。大将で総参謀長などという格下の任につくケースは通常あり得ないのではないですか。

半藤 前代未聞。あとにも先にもありません。よく引き受けたと思いますよ。ですから逆にたいへんな権威があって、児玉源太郎が言ったことに誰も反論できなかったわけですがね。児玉は格など度外視して総参謀長になって、すべての陸戦の総元締となった人でした。

磯田 高い地位にいた人ですから、国全体のことがわかっていた。外交も財政も広く見渡せていた。要するにどのあたりまでやれるのかを承知していたのではないでしょうか。

半藤 おっしゃるとおり、児玉は早く講和を結んだほうがいいという大局観を持っていましたね。政略、つまり日本の政治の動きに従って軍略は練られるべきだと考えていました。政治を抜きに軍略が先に行くことはあり得ないと。じっさい東京とツーツーカーカーでやれるのはこの人だけだったと思います。

磯田　早い段階で幕引きをする、かたい意思を持った人が総参謀長で、戦場の指揮をとったことはまことに幸運でした。これがもし視座の低い将官、戦闘専門家のような人物が指揮していたら、ロシア軍が撤退して行く場面で深追いして、たいへんなことになっていた可能性がある。

半藤　要するに、勝つとなったらどんどん追撃して勝ちを重ねていきたいのが軍隊の本質なのです。中央省部の言うことを無視しかねないというのが軍隊というもののおっかないところでしてね。攻勢の終末点を、後のことを考えずに越える。太平洋戦争中の陸海軍がそれでした。児玉はそういうことを許しませんよ。じっさい止めましたからね、奉天会戦に勝ってからハルビンまで行くと言って聞かないやつらを。

プロイセンの政治家クラウゼヴィッツが書いた『戦争論』の冒頭にあるように、「戦争というものは政治の延長にある」という、この大事なところをわかっていたのが児玉源太郎なのです。

磯田　そこで思い起こすのが朝鮮出兵のときの黒田官兵衛です。第1章でくわしく語ったとおり、日本が大陸でことを起こすときに軽量級の者を送り込んだら、大軍を統御することは難しいということを黒田官兵衛はよく承知していた。黒田のみならず、史書で日本人は知っていたと思いますがね。

半藤　もう教訓としてあったわけですね。日露戦争のときもちゃんとそれをわかっていました。国家を滅ぼしちゃいかんと考えたからこそ、それこそ重量級の大山巌大将が自ら出かけて行った。大山巌にしても戊辰戦争の大指揮官、英雄ですからね。本当に会津の山本八重《やえ》さんに右足を撃たれたのかどうかは知りませんが（笑）。

磯田　その可能性はあります（笑）。

半藤　そんな英雄が何も満州の寒いところにまで行くことないのよ、本来は。ところが「オレが行く」と言ったんですよね。「もしあの連中が揉めたときにはオレしか裁けない」と思っていたのでしょう。そのかわり総参謀長にも大物をということで、児玉源太郎を起用してコンビを組んだ。これまたたいへんな大物だから、ほかの軍司令官どもはみんな、じつによく二人の言うことを聞いていています。

磯田　重しのある司令官と重しのある参謀長のペア。これがやっぱり日露戦争辛勝のポイントだったような気がします。そうして見ると、果たして参謀にカリスマ性が必要か、という問題が出てくる。自衛隊の参謀マニュアルを見ると、簡単に言うなら参謀が指揮官より前に出ることは抑えるような枠組みになっているのですが、もとより日本人は権威に弱いというところがある。仕掛けが大きすぎる場合、あるいは現場が勝手をやり始めそうな場合には、重しのあるカリスマ参謀を置いて危機を回避している。そういう選択肢が過去に存在しているということは、記憶に留めるべきでしょうね。会社が大がかりなプロジェクトを発動した場合、人員が多くてそのなかに乱暴者もいるようなケースでは、あえて例外的な人事で重しのある人物に束ねさせるという選択肢もありだと。

半藤　たしかに重しのある人が参謀長として現場に出ていくかたちにしたほうがいい場合はあると思いますね。そう進言した黒田官兵衛自身が大物でしたからね。秀吉も家康も、もしかしたら寝首をかかれるかもしれないと、いつも注意しているぐらいの大物。そういう人物が総参謀長でいたらビシッと抑えられた。総司令官も大事だけど、日本においては総参謀長にドシッとした者を置くということが、どうも時には必要ですね。

磯田　「人組み」というのは非常に重要で、大山と児玉のコンビだからうまくいったという側面もありますね。児玉はよく気がつく人ですが、饒舌《じょうぜつ》な人でした。しかもやらずともいいことまでやるタイプで、それでしばしば台湾統治のときに問題も起こすわけですけれど。いっぽう大山は見て見ぬふりの極致みたいな人物でした。総司令官が「憲法」で、総参謀長が「細則を決める」というパターンで言えば、日本型組織のひとつの理想形だったかもしれません。

半藤　大山・児玉のコンビがめでたく出来たとき、参謀本部の総務部長だった井口《いぐち》省吾《しょうご》少将が日記に「天のいまだわが帝国を棄てざるを知る。何等の喜悦、何等の快事ぞ」と雀躍《こおどり》して書きました。それくらい見事な人物だったのですね。

第6章
名参謀の資質

参謀が害悪になるとき――成績第一主義、その硬直化の果てに

半藤　さて、昭和になると、日本の軍隊組織には、参謀というのがやたらたくさんいるのですが、彼らがいったい何に属しているかというと、参謀長なんですよ。

磯田　はい。司令官ではありませんね。

半藤　参謀は参謀長の指揮を仰ぐ。日清・日露の時代もそうでした。司令官は、参謀長と話し合って「よかろう、それではそれで行きましょう」という最終決断をする。参謀長はそれを参謀たちに伝えて、それぞれのすべきことを指示する。ところが太平洋戦争のときはそれがうまくいかなかったのです。参謀長が小物だと、参謀たちが好き勝手に動いてしまう。そういうことが往々にして起きて、指揮系統がごちゃごちゃしちゃったケースがまことに多かった。

磯田　軍の中で昇進していく過程に過ぎない腰かけ参謀化が進んで、その弊害が出たのかもしれません。

半藤　しかも参謀教育は、その中身に問題がありました。昭和十年代の海軍大学校のカリキュラムは、戦略、戦術、戦務、戦史、統帥権、統帥論という、軍事に関する授業が七二・八％。国際情勢、経理、法学、国際法といったいわゆる軍政についての授

業が一三・二％。語学や歴史といった一般教養にいたっては、わずか一四％でした。そのほとんどが戦略戦術の教育に割かれていたのです。ということはつまり、参謀候補生たちは大学校に入ったとたん、もう戦争のことしか考えていないのですよ。ですから、それこそ大山巌や児玉源太郎のような大局観と見識を持つ軍人が、海軍大学校の参謀教育のなかで育たなかったとしてもまったく不思議ではない。そして軍事オタクとも言うべき優等生が、軍令部・参謀本部という中枢組織に入って参謀になっていきました。卒業成績順、これを海軍ではハンモックナンバーと呼びましたが、陸軍でも海軍でも、断然これがモノを言い続けます。

磯田　学校を出たときの成績順位が、ずっとついて回るというのもおかしな話です。経験を経て人間の能力というのは変動するし、求められる能力の物差しも状況によって変わっていく。それが考慮されないとしたら人事はどうしたって硬直化しますよ。

半藤　「ハンモックナンバー人事」とも言うべき成績重視・年次重視の傾向は、海軍のほうが陸軍より露骨だったと思います。それに関連する逸話をひとつご紹介します。

海軍で機動部隊というものが発案されたのは、昭和十六年（一九四一）春のこと。政府が対米交渉に大わらわとなっていたころのことでした。発案者は小沢治三郎中将です。スピードの速い航空母艦を中心とする艦隊をつくる。戦艦はその護衛に回る。要するに航空兵力こそが先頭を切って戦うべしというのが小沢のプランでした。それを山本五十六長官が採用し、連合艦隊は改組を行うことになりました。思い切って機動部隊を編制したわけです。これは世界初のことだと思います。第一、第二、第五航空戦隊が統合されて機動部隊の第一航空艦隊というものが生まれました。そこに、海軍の「成績主義」というものが出てくるんです。

「艦隊」のトップは「司令長官」。「司令長官」になる資格は、中将になって二年以上か、あるいは戦隊司令官の経験を有する者という不文律が日本海軍にはありました。発案者の小沢治三郎が第一航空艦隊司令長官になればいいのに、残念ながら小沢治三郎には大艦隊の長官になる資格がなかった。小沢に代わってなったのが、飛行機の「ひ」の字も知らない南雲《なぐも》忠一《ちゆういち》中将でした。小沢は海兵三十七期で、卒業時の成績は百七十九人中の四十五番、南雲は一期上の三十六期で、卒業時の成績は百九十一人中七番。一目瞭然の人事ですよね。しかも南雲は飛行機の素人だが、草鹿《くさか》龍《りゆう》之介《のすけ》、源田《げんだ》実《みのる》、大石《おおいし》保《たもつ》といった飛行機の専門家たちをその下につければ大丈夫だ、とされたのです。

磯田　成績順だったのですか、まことに重要な機動部隊トップの起用法が。

半藤　じつはその硬直性、日露戦争のときからあったんです。日露戦争の実戦を体験したのは海軍兵学校三十二期がいちばん最後。連合艦隊司令長官山本五十六、開戦時の海相嶋田繁太郎《しまだしげたろう》、五十六の親友だった堀悌吉《ほりていきち》が三十二期卒の同期です。いずれも少尉候補生として日本海海戦に参加している。というわけで、乗り込むことになった艦は、首席の堀悌吉は「三笠」。「三笠」はもちろん東郷大将が座乗する連合艦隊司令部の旗艦です。成績七番の山本五十六はちょっと格が下がって装甲巡洋艦「日進」。二十七番だった嶋田繁太郎は、巡洋艦「和泉」というつまんない偵察艦に乗っかっている。と、いうくらい、「皇国の興廃」を決する海戦も配属は成績順。私もこれにはさすがに恐れ入ったね。

磯田　人間の、ある種の機械化ですね。最初に製品検査をしたときにどの程度の性能があるかで価値が決まるという。

幕府が海軍をつくったときに邪魔になったのが身分制でした。旗本の師弟などを艦船に乗せて、たとえばマストによじ登らせようとしても、「こんなことできるか」とたいへんな抵抗を示すんです。彼らはこの間まで、刀を二本差して草履取りを連れて歩いていた人たちです。ですが艦船には、草履取りを一緒に連れて行くわけにいきませんからね（笑）。幕府に乞われて長崎海軍伝習所の教官となったオランダの軍人カッテンディーケ。彼は幕臣たちを相手に海軍文化を根づかせようと努力したわけですが、それで困っちゃうんです。ですから、身分というものを破壊するためには、成績順位による評価を徹底させる必要があったのかもしれません。士族であろうが平民であろうが、はたまた何藩の出身であろうが、モノを言うのは成績順位だぞと。明治の始まりから日清・日露ぐらいまでは、それでよかったのかもしれませんが。

半藤　時を下るにつれて硬直化の弊害は免れなかったわけです。

磯田　「成績順」というものに潜むひとつの真実について、正岡子規が『筆まかせ』でこう書いています。

「一番に居る者は決して馬鹿でも頓馬でもなく必ず取りえのある人に相違ないが、ほかの者よりも賢く、二番の人は三番よりも優っているわけではない」

半藤　まさに子規さんのおっしゃるとおりですよ。ともあれ、近代のスタート時点から参謀が大事だとわかってはいたけれど、肝腎の参謀教育はあまり褒められたものではなかった。参謀のプロを育てなかったことはやはり決定的な欠陥でした。そして参謀の知識が非常に狭く偏りがあったことも。

磯田　ぼくは古書店をよく巡るのですが、稀に参謀教育で使われたと思われる試験の答案を見つけることがあるんです。たとえばこんなものがありました。水戸付近の、ぼくも知っているある地点に、敵が上陸してきたことを想定させる問題とその答え。白地図の、どこにどうやって陣地構築をして、どこにどういう兵力の配分をしてこれを撃退するか。そういう問いに対する答案用紙の束をあるとき見つけました。生徒が書いたものに朱が入っていて点がつけられているのですが、どれもこれも教科書どおりで驚いた。なぜかというと回答のほとんどが、たとえば川を渡るときに雨期なのかそうでないときなのかとか、そういう気象条件の違いなどを、全然想定に置いていないのです。ぼくは、考え得るあらゆる場合に応じた書き込みが、徹底的になされているような答案がいいと思うんですよ。なぜなら現実の戦争はそういうものなのですから。ところがいい点を与えられていたのは、機関銃をこう置いて射線をどこへ向ける、といった、作戦要務例と合致したようなものばかりだった。要するに教科書に合わせて機械的に採点されていたのです。少なくとも、思考力を問うているようには、まったく思えませんでした。

もちろんなかには面白いものもないわけではない。海軍の試験問題で気に入ったのは、「信濃川の水深を答えよ」という面接時の問いです。それに対して「どういうふうに聞き返すか」を評価するというものでした。ほかには、海軍大学校の口頭試問で、「五匹の猿と六つのお菓子がある。公平に分けるにはどうするか」という問い。「難しゅうござる」。つまり「六つ菓子がござる」が、正解として扱われたという（笑）。

半藤　もうひとつ、「海軍兵学校の武道場の屋根瓦は何枚あるか」「ウーム……」「わからんか。では正解を示す。瓦は張っておらん」。本当の話ですよ。試験官はそのときの反応を見る。どんな反応をするか、そこに注目しているんですね。要するに臨機応変をよしとしたわけでしょうね。戦争というのは常に臨機応変を求められるものであるのだから、参謀はその時々で臨機応変に応ぜられる頭の構造がなきゃいかんということで、そういう問答を口頭試問でやった。そんなおおらかな時代もありましたよ。ところが、そういう話はすぐに知れ渡っちゃう。

磯田　面白がってみなが喋りますからね。

半藤　それで、また教条的になってしまった。いずれにしても、参謀をどうやって養ったらいいか。それはどの時代においても大問題なんです。

名参謀が飛ばされるとき――井上成美ともう一人

半藤　文藝春秋の編集者時代のことを申しますと、自分で言うのもなんですが、私自身は名参謀なんです（笑）。指揮官としてはまったく無能でしたがね。

磯田　指揮官たる編集長は、あまり向いていなかったのですか。

半藤　向いていたのはデスクのほうです。文藝春秋という雑誌のデスクを、四代の編集長に連続して仕えたというのは文春始まって以来私だけ。人事異動で編集長をふくめて全員いなくなって、たった一人デスクの私だけ残ったということもあるんです。

磯田　ほう、動かせざるカナメになっていたのですね。

半藤　四代仕えて、とうとう四代目の編集長とは合わなかった。この方は東大出の大秀才で、発想も何もまったく教科書どおりでね。教条主義の権化でした。「それではダメですよ」と私が言うものだから、のべつ喧嘩になっちゃった。どうもその編集長、半年であいつを替えてくれと人事にねじ込んだらしい。ついに思いもかけないときに、私だけ追い出されちゃった（笑）。どうでもいい話だね。

磯田　いや、どうでもよくない。ここは重要ですよ（笑）。現代の企業社会で、どうしたら名参謀になれるのか。

半藤　ふつうの組織における参謀には、簡単に言えば二つのタイプがあります。自分の意見、導き出した結論を述べて、あとはすべてを指揮官に任せるタイプ。この場合、仮に意見が容れられなかったとしても、後でブツブツ言ったり、指揮官の足を引っ張るようではダメなんです。もうひとつは、とり得る方策を徹底的に考えて、選択肢を二つか三つに絞り、そのメリット・デメリットを示して指揮官に採択を任せるというあり方。じつは、どちらがいいかは指揮官のタイプに因るんです。

デスク時代の私は典型的な後者タイプでした。四代の編集長に仕えたけど、四代目で失敗したのはこれなんですよね。合わなかった編集長はそういうことを鬱陶しく思った。こと細かに提案されるのがイヤだったのでしょう。そのうちに嫌われて飛ばされちゃったのはお話ししたとおりでして（笑）。参謀というのはやっぱり指揮官の性向をしっかり見極めなくてはいけません。

磯田　提言の仕方には二種類あるというわけですね。

半藤　戦争の場合ですと、まずは状況判断が作戦参謀にとっての大事な仕事です。情報を収集し、きちんと分析する。それからその分析にもとづいて敵がとり得る方策を考える。それに対して我がとるべき方策を考える。さらには、起こり得る最も危険な状況は何であるかということを考えておかなきゃいけない。貴重な兵力を一度に失うことになりかねませんからね。ビジネスマンの場合は、起こるかもしれない最も危険な状況なんて考えることないのかもしれませんが。

磯田　いや、それは現代においても大事なのではないですか。じつはぼく、「起こり得る最悪の事態」というものを考えるのが得意でして（笑）。先日も、JR東海関係のエライ研究者に、「あなた方は新幹線の収益を頼りにしてリニアを通そうとしている。だからもしリニアが完成する前に、大災害に遭って新幹線を寸断されたら、経営的にきわめて危険な状況となる」と意見した。「大津波がくると新幹線は、浜名湖付近でやられる。迂回ルートをつくるべきだが、それが無理なら防潮堤、それも無理なら、浜名湖の橋脚の補強だけでも大急ぎでやったほうがいい」と申しました（笑）。

半藤　そうでしたか。でも最悪の事態を念頭に置くことは大事ですね、やはり企業においても。

磯田　大事なんです。これをやられたら命取りだというものは、必ずピックアップしとかなきゃダメですね。

半藤　ところが、人間というものはそこまでの最悪は考えたくないんですよ。たいがいその手前ぐらいでやめてしまう。皮肉なことに、最悪の事態の想定は指揮官がいちばん嫌がることなんです。

磯田　ですからあえて参謀はそれをやるべきなのです。リーダーには、最も危険な状況について語る参謀を歓迎する度量がないといけません。

それでぼくは昨日も怒られた。妻と幼い子どもと一緒にタクシーに乗っていたのですが、子どもが後部シートの真ん中に座ったのでふと心配になり、「もし六〇キロ以上のスピードで追突事故が起きたら、この子は前に飛び出てガラス窓を突き破り、頭部が割れて脳味噌が飛散する可能性がある」と言った。これはつまり、起こり得る最も危険な状況を参謀として司令官たる妻に進言した、という話ですが、あまり反応がない（笑）。

半藤　ハ、ハハ。私とてウチの司令官ドノから、のべつ叱られておりますがね。**いずれにしても、最悪の事態を心の中で留め置くべきか出すべきか。難しい局面もあるでしょうけれど、これだけは言える。悪い報告をこそ伝えなければいけません。**

磯田　ナポレオンは部下に対して、「悪い報告から先に始めよ。よい報告は明日でよいが、悪い報告があるときは即刻我を起こせ」と言っています。

半藤　さすがは世界史上冠たる指揮官、ナポレオンだ。悪い情報は仮に未確認であったとしてもとにかく素早く報告せよ、というわけですよね。あとで確認してその第一報よりもマシであれば、最悪の事態は回避できるわけですから。

じつはマイナス条件、不利な条件を加味して充分議論を尽くすのが本当の参謀議論なのです。最後の海軍大将井上成美《いのうえしげよし》。井上は、米内光政《よないみつまさ》海相、山本五十六次官の下で軍務局長としてトリオを組んで、日独伊三国同盟に対して徹底的に反対した人として有名ですが、彼はあの無謀な戦争の開戦前夜に、まさにそれ、最悪を想定した議論をやろうとした。「対米戦避け難し」という空気がそろそろ圧搾され始めた昭和十六年（一九四一）一月のことです。そのときの立場は参謀ではなく、航空本部長でしたが、彼は参謀の役割を自ら任じて買って出た。

磯田　井上成美は、日本が対米戦争に勝つことは絶対不可能であるという長い論文を書いて海軍大臣に提出していましたね。海相は及川古志郎《おいかわこしろう》でしたか。

半藤　ええ、そうなんです。その表題は「新軍備計画論」。「破壊的な議論ばかりする」と、かねて井上成美は陰口を叩かれておりまして、本人もそれを承知して気にしていたのでしょう。意見書は「日本にはどういう軍備計画が必要なのか、それを提案する」

という体裁にしました。その内容はじつに冷静、冷徹。まずは「もう日本海海戦のような艦隊決戦はない。航空基地争奪の戦いになる」と鋭い洞察を述べている。

磯田　じっさいそのとおりになりました。

半藤　だから海軍は「航空基地と航空兵力の整備充実や潜水艦部隊の増強をすべし」と提案した。さらに、つぎが重要。日本は「米国に対し、あらゆる弱点を有する」とありまして、以下要約するとこうなる。

一、アメリカ本土はものすごく広すぎて占領は不可能である。

二、首都ワシントンを攻略することは不可能である。

三、アメリカの軍事力は強大で、これを殲滅することは不可能である。

四、米国の対外依存度の低さ、資源の豊かさから来る海上封鎖は不可能である。

五、海岸線がものすごく長大で、陸地の奥行きがものすごく深いから、海上からの攻撃封鎖も不可能である。

六、カナダ、南米の中間にあるから、陸続きであるという地理的な地位からも、米本土の海上封鎖は不可能である。

そしてこの逆が日本。本土占領は可能、首都陥落は容易、海上封鎖されると資源がないからすぐお手上げになる。陸地の奥行きがないから本土決戦は不可能、その他エトセトラ。とにかくすべてにおいて劣弱である。だから勝つことは不可能だと結論づけた。地政学からいえば、日本はまことに大きな欠点を持っている。これはすでに幕末の時点であの勝海舟が見抜いていたことではありますがね。

磯田　軍事用語で言う「縦深性」がないということですね。日本やシンガポールは縦の深さがない。イスラエルも。縦深性がない国というのは守りが非常に不利。逆にアメリカやロシアあるいは中国の最大の利点は縦深性があるということです。

半藤　というわけで日本の軍事関係者、リーダーシップを握っている人たちの考え方は、「攻撃は最大の防御なり」となった。ですから近代日本の国防は外へ外へ、でした。朝鮮半島をとられたら国防上守りきれない。だから朝鮮半島に出る。朝鮮半島を守るためには満州をとる。そこが「生命線」だといわれ、その生命線の満州を守るためには内蒙古を、そして北支那を、と。攻撃がいちばんの防御になるという考えは、いまの企業社会にも通じるリーダーシップの基本なんです。「先んずれば人を制す」を座右の銘に挙げる経営者も少なくないはずですよ。ま、それはともかく。けっきょく井上の建白論文は、航空戦備増強を主張したせいで「航空本部長のセクショナリズム」

と難癖をつけられてしまう。議論の机上に載せられることなく握り潰されてしまいました。不利な条件を加味して最悪の事態を想定することが、実際にいかに難しいことなのか、はしなくも証明するような逸話です。

参謀に必要な能力――時代に流されぬ知識・発想力・洞察力

半藤　さて、磯田さんが考える参謀の条件はどんなものか、ここらで改めてお聞きしたい。

磯田　参謀には三つの能力、知識と発想力と洞察力とが必要だと思っています。しかもそれぞれ常人以上のレベルで。

まずは知識。知識量は必要です。知識を得るためには好奇心と、それを蓄積する記憶力も必要となります。思うに半藤さんの知識量って尋常じゃない。そして記憶力も。好奇心も強くていらっしゃる。永井荷風《ながいかふう》の色ごとから軍艦の性能までという、この好奇心の幅の広さよ（笑）。要するに参謀には、さまざまな領域の情報を根こそぎ集めて、しかも記憶していることが求められる。これを合わせて「知識」ということになるわけです。ただ、これは学校出の秀才タイプに多いのですが、いくら知識を集めてもそれが個々バラバラなまま記憶されている人がいます。これはよろしくない。
　知識のピースを結びつけて、大事な何かを発見できるかどうか。これが洞察力です。ひとつ例を挙げるならこういうことです。たとえば戦争が始まるときには大量の血液製剤が買い込まれるということは、多くの人が知っている。けれど輸血用血液の売買をやっている会社にこっそりある国の人たちが通い詰めて契約しているのを知ったとき、この国が開戦準備をしている可能性がある、と。そういうことに気づく力、これが洞察力なのです。微細な情報から大きな動きをすぐに認識できる力。じつはこれを持っている人が存外少ない。知識量を誇る人間の数に比べて、はるかに少ない。「桐一葉落ちて天下の秋を知る」と言いますが、それが難しい。

半藤　中国の故事ですね。桐一葉は誰にも見える。けれど枝を離れた瞬間に秋が来ると気づく人は少ない。

磯田　さらには洞察ができただけでもまだ足りなくて、過去に誰も思いついていない戦い方を、発想できなくてはいけません。

半藤　アイデアだね。

磯田　アイデアです。存在していないものを見つけて、存在し得ないような結果をもたらす発想力。秋山真之はこれを全部持っていました。

半藤　おっしゃるとおり秋山は、日本海海戦はこういうかたちになるだろうと洞察し、卓越したイマジネーションで独自の戦略を発想した。機動性が重要と気づいて信号ひとつ、旗ひとつで明解な指示が行き渡るようなアイデアを生み出した。

磯田　しかも日露戦争以前に「空軍万能の時代になる」と、つぎの太平洋戦争の様相を、あたかも見てきたように語っていたのはすでに紹介したとおりです。その洞察力は常人の域をはるかに超越していたと、やはり言わざるを得ません。

半藤　井上成美が「もう日本海海戦のような艦隊決戦はない。航空基地争奪の戦いになる」といった、対米戦争の三十年ほども前に、それを断言しているのですから、もう恐れ入るしかないね。

磯田　知識・洞察・発想の三拍子が揃った人間は少ない。しかしながらどこかに必ずいます。勝海舟が、「目ン玉一つで探したとしても、人材なんてそこら中にいるよ」と言ったとおりだと思う。あらゆる組織の指揮官は、そういう参謀を金のわらじを履いても探さないといけません。

半藤　では磯田さん、三つの能力の優先順位をつけるとすれば、どうなりますかね。

磯田　いちばん簡単なのは知識量でしょう。努力すれば獲得できる。発想力も、場合によっては当てずっぽうでも構わないからさほど難しくはない。

半藤　さしずめいちばん難しいのは洞察力でしょうかね。

磯田　やっぱり洞察でしょうね。

半藤　思い返してみると優秀な作家というのは、坂口安吾《さかぐちあんご》さんにしろ、松本清張《まつもとせいちょう》さんにしろ、司馬遼太郎さんもそうでしたが、みんな洞察力に凄みがありました。たとえば二・二六事件の資料を持っていくと、清張さん、パッパッパッと見ながら、「半藤くん、大事なのはここだね」と、すぐさま指摘した。その指摘がことごとく当たっているのですよ、まず例外なく大事なポイントでした。「やっぱり清張さんは凄いなあ」と思いましたね。

磯田　洞察力を得るのが難しいのは、若いころからの教育や鍛錬が必要となるからでしょうね。この洞察力がいちばん育てにくい。じつは我が子に洞察力を身につけさせるべく、日ごろ気をつけていることがあるんです。先日、四歳の娘のあるひと言を大いに褒めました。彼女が「お父さんの靴と幼稚園の園長先生の靴が似ている」と言った。似ていることに気づいた、その観察眼はいい。だけどそれだけでは、ぼくは褒めないんです。その後「園長先生はウチの近くに住んでいるから、もしかしたら同じお店で買ったのかな……。町が小さいから」と、こう言ったんですね。それを大褒めに褒めた。「お父さんはそういうことを考える子が大好き！　面白い。なぜそうなるかを考えると楽しいよ」と（笑）。人間は褒められると脳に快感物質が分泌されるらしいです。気持ちよくなるから、つぎもおなじような思考パターンをやろうとする。本気で褒めて、洞察力を引き出そうと日々努力しております（笑）。

半藤　その指導法を思いついたことがすごい洞察力だ（笑）。上司だって部下を叱ってばかりいないでそういうことを大いにすべきだね。

磯田　それを五年、十年やって参謀は育つんです。

半藤　いまはやたらネットばかりに頼って、自分で考えるということをあまりしないものね。考えることは最も大事なことですよ。私が歴史探偵と名乗っているのは坂口安吾の真似なのですが、安吾が言ったのは、まさに「洞察せよ」ということでした。資料を読んで歴史がわかったつもりになってはいけない、と。たくさんの資料を読み比べて、それらのあいだに何があるか、隠されたものはないかを考えろともね。たしかにそうした思考からしか歴史的真実というものは浮かび上がってこないのです。

磯田　横井小楠も考えることの大切さを口にしていました。いわく「学問を致すに、知ると合点との異なる処、ござ候」。ただ知るのと合点するのは違うという。読後に本からの知識を一度なげうち「専《もつぱら》己《おのれ》に思ふべく候」と説いたのです。脳がちぎれるほど思考せよと。本書が、名参謀を目指す人たちの考えるヒントになるといいですね。

半藤　いやあ、とにかく楽しかったですよ。博覧強記って言葉がありますが、まさにその言葉を人間にしたような磯田さんに煽られて、久しぶりに爺いも躍動しました。ありがとうございました。読者に代わってお礼を申し上げます。

半藤一利《はんどう・かずとし》

1930年、東京都生まれ。東京大学文学部卒業後、文藝春秋入社。「週刊文春」「文藝春秋」編集長、取締役などを経て作家に。近現代史、昭和史に関する史論や人物論を多く執筆。2021年1月12日逝去。著書に『日本のいちばん長い日』、『漱石先生ぞな、もし』(新田次郎文学賞)、『ノモンハンの夏』(山本七平賞)、『聯合艦隊司令長官　山本五十六』(以上、文藝春秋)、『昭和史』(毎日出版文化賞特別賞)、『日露戦争史』全3巻(以上、平凡社)などがある。

磯田道史《いそだ・みちふみ》

1970年、岡山県生まれ。歴史家。慶應義塾大学大学院修了。博士(史学)。2023年現在、国際日本文化研究センター教授。わかりやすい解説でさまざまな歴史番組の司会・解説を務める。著書に『武士の家計簿』(新潮ドキュメント賞、新潮新書)、『天災から日本史を読みなおす』(日本エッセイスト・クラブ賞)、『日本史の内幕』、『日本史を暴く』(以上、中公新書)、『龍馬史』、『無私の日本人』(以上、文春文庫)、『徳川家康 弱者の戦略』(文春新書)などがある。

ポプラ新書
032
勝ち上がりの条件
軍師・参謀の作法
2014年 5 月 7 日 第1刷発行
2023年11月22日 第3刷

著者
半藤一利＋磯田道史
発行者
千葉 均
発行所
株式会社 ポプラ社
〒102-8519 東京都千代田区麹町 4-2-6
一般書ホームページ www.webasta.jp
ブックデザイン
鈴木成一デザイン室
印刷・製本
図書印刷株式会社

N.D.C.361/266P/18cm ISBN978-4-591-14035-2

P8201032

理系という生き方

東工大講義 生涯を賭けるテーマをいかに選ぶか

最相葉月

クラゲの研究でノーベル賞を受賞した下村脩、マリー・キュリーのもとで研究した山田延男、星新一が唯一の弟子と認めた作家であり研究者でもある江坂遊——第一線で活躍する科学者たちは、どう挫折を乗り越え「今までにないもの」を生み出してきたのか。自分の仕事や人生を見つめなおすうえで、新たな視点を得られる一冊。

スマホを捨てたい子どもたち

山極寿一

講演会で、多くの高校生がスマホを手にしながら、「スマホを捨てたい」と言った。彼らはなぜ、スマホで人とつながることに漠然とした不安を感じているのか。200万年前の人類の歴史とゴリラ研究の見地から、生物としての人間らしさを考える。京大前総長でゴリラ研究者の著者による「未知の時代」の人とのつながり方。

9月1日　母からのバトン

樹木希林　内田也哉子

「どうか、生きて」2018年9月1日、病室で繰り返しつぶやいた樹木希林さん。夏休み明けのこの日、学校に行きたくないと思い悩む子どもたちが、自ら命を絶ってしまう。樹木さんは生前、不登校の子どもたちと語り合い、その事実を知っていた。樹木さんが遺した言葉と、それを受け内田也哉子さんが4名と対話し、紡ぎ出した言葉をまとめた一冊。

やりすぎ教育
商品化する子どもたち

武田信子

日本の子どもの精神的幸福度は、参加38か国中37位。大人たちの過度な期待と押しつけで、日々、心と体を蝕まれ、自信を失っている子どもたち。教育熱心と教育虐待のボーダーラインはどこにあるのか。本書は、家庭や学校で起きている不適切なかかわりあいの実態を報告、さらに学びと遊びの本質、幼児期の発達プロセスなどを紹介する。真の成長、生涯続く学びを考える教育・子育て改革論。

生きるとは共に未来を語ること　共に希望を語ること

昭和二十二年、ポプラ社は、戦後の荒廃した東京の焼け跡を目のあたりにし、次の世代の日本を創るべき子どもたちが、ポプラ（白楊）の樹のように、まっすぐにすくすくと成長することを願って、児童図書専門出版社として創業いたしました。

創業以来、すでに六十六年の歳月が経ち、何人たりとも予測できない不透明な世界が出現してしまいました。

この未曾有の混迷と閉塞感におおいつくされた日本の現状を鑑みるにつけ、私どもは出版人としていかなる国家像、いかなる日本人像、そしてグローバル化しボーダレス化した世界的状況の裡で、いかなる人類像を創造しなければならないかという、大命題に応えるべく、強靭な志をもち、共に未来を語り共に希望を語りあえる状況を創ることこそ、私どもに課せられた最大の使命だと考えます。

ポプラ社は創業の原点にもどり、人々がすこやかにすくすくと、生きる喜びを感じられる世界を実現させることに希いと祈りをこめて、ここにポプラ新書を創刊するものです。

未来への挑戦！

平成二十五年　九月吉日　　株式会社ポプラ社